Habt den Mut, euren Schwächen ins Auge zu sehen. Aber wisst auch, dass ich euch ständig helfe.

Mutter Meera

In IHREN Händen

Erfahrungen mit Mutter Meera
von Emma Veh

Bibliografische Information der Deutschen Nationalbibliothek:
Die Deutsche Nationalbibliothek verzeichnet diese Publikation in der
Deutschen Nationalbibliografie; detaillierte bibliografische Daten sind
im Internet über http://dnb.dnb.de abrufbar.

ISBN 9783749482894

Inhalt   Seite

Befreiung
Eine Traumbotschaft

Durch das kleine Fenster in Deckenhöhe des Kellerraums schleicht trübes Licht. Im Halbdunkel wirken die anwesenden Personen wie Schatten ihrer selbst. Ausrangierte Möbel lagern ringsherum. Sie stammen aus einer anderen Zeit und sind nicht mehr von Nutzen. Auf einem alten Küchenschrank sehe ich ein Bonbon-Glas, wie ich es von früher kenne, als es auf dem Tresen vom Krämerladen mit seinem süßen Inhalt lockte, die Öffnung gerade groß genug, um mit der Kinderhand hineinzugreifen und ein Belohnungsbonbon herauszufischen. Doch in diesem Glas hier im Keller warten keine Süßigkeiten. In diesem Glas hockt eingezwängt eine Ente mit weißen Federn. Sie hat sich ganz klein gemacht in dieser Enge. Ihr Schnabel ist gelb.

Dann kommt Bewegung in das Tier. Es rüttelt sich, es schüttelt sich und nähert sich der Öffnung, die viel zu eng erscheint, den Leib hindurchzulassen. Zurück bleiben die wenigen trockenen Grashalme, die man ihm schenkte. Die Ente duckt sich Kopf voran geschmeidig aus dem Glasgehäuse, sie beugt sich vor und breitet die Flügel aus. In majestätischem Gleitflug lässt sie ihr Gefängnis hinter sich. Ihr Weiß erhellt das Kellerlicht. Ich bin ganz ergriffen, wie sie voller Anmut und Würde das Fliegen genießt. Sie ist in ihrem Element, sicher getragen vom Luftstrom.

Friede und Freude erfüllen den Raum.

Der? NIE! So fängt mein zweites Leben an.

„Der" ist einer, der   gar nicht meinen Vorstellungen entspricht und ich bin fast ein bisschen empört, dass meine Freundin meint, er sei der ideale Partner für mich. Die Zeit der wilden 68er-Songs ist eigentlich schon vorbei, aber „I can get no satisfaction" von den Rolling Stones treibt mich immer noch voll Vehemenz auf die Tanzfläche. So auch auf dem Fest der Freundin. „I can get no satisfaction" spricht mir aus der Seele. Im Außen habe ich alles, was es für ein zufriedenes Leben braucht: einen netten Mann, einen erfüllenden Beruf, eine komfortable Wohnung und Geld genug. Und doch: Das kann doch nicht alles gewesen sein! Etwas fehlt. Auf der Tanzfläche im Wohnzimmer setze ich meinen Frust in Bewegung. Augen zu und los!

Zwölf Jahre Ehe mit zunehmender Entfremdung, Wege, die auseinanderlaufen, Verständnisbrücken, die nicht tragen und resigniertes Sich-Arrangieren. >Was willst du eigentlich?< Ja, was will ich eigentlich? Mein Körper tobt all die Fragezeichen im Halbdunkel aus. Zwischendurch blinzle ich, um die räumliche Orientierung nicht zu verlieren, wenigstens die nicht auch noch! Ich nehme den Rand des Teppichs wahr, die Möbel. Niemand sonst tanzt, außer „Der"! Er tanzt mit mir. Ich bin nicht sonderlich beeindruckt. Dann sitze ich pustend auf dem Sofa. Er reicht mir Wein und sieht mich an.

Stille.

Nichts mehr.

Seine Augen fallen mir bis in den Bauch. Treffen etwas Unbenennbares in mir, passen in kein gewohntes Einordnungsraster. >Was bist du für einer?< Diesen Blick kann ich nicht in die Schublade „Feten-Flirt" packen. Das ist etwas Anderes. Das kenne ich noch nicht.

Im Nu weicht meine Zurückhaltung. Mein Kopf muss die Distanziertheit mühsam aufrecht erhalten und meine Seele „anleinen". Geborgenheits-Wärme durchströmt mich und entzündet einen Funken Hoffnung in meiner zur Gewohnheit gewordenen inneren Einsamkeit: vielleicht sind meine Träume von Zweisamkeit doch nicht so unrealistisch?

Irgendwann fällt mir ein, dass ja auch mein Gatte da ist, dass nicht alles seinen Lauf nehmen darf. Irgendwann fahre ich mit dem Gatten im Taxi nach Hause, in das „Der" in letzter Sekunde mit hereinspringt und seine Hand auf mein Knie legt. Irgendwann steigt dieser „Er" unweit unserer Wohnung aus und verschwindet im Dunkeln. Das Arrangement der Ehe hat einen weiteren Bruch erlitten, einen gravierenden, wie sich in den nächsten Monaten herausstellte.

Nach der Fete bleibt dieser „Er" weiter im Dunkeln für mich. Nur ab und zu erzählt die Freundin von ihm. Selten. Seine Augen sinken tiefer in eine Schicht: Aufbewahren, bewahren wie einen kostbaren Schatz. Der Alltag muss bewältigt werden, zu einer Kontaktaufnahme fehlt mir der Mut.

Sieben Monate später sitze ich mit der Freundin im Theater. Mitten in der Aufführung flüstert sie mir zu, dass sie sich hinterher noch mit ihrem Mann in einer Kneipe treffen wird, ob ich mitkomme. Ich nicke. „Er" sei auch dort. Ich erstarre. Von jetzt auf gleich rast mein Puls, meine Wahrnehmung kippt, das Theaterstück verschwimmt.

>Was bist du für einer?<, dass du mich so erschütterst!?
Nach diesem Abend geht alles sehr schnell, so als hätten unsere beiden Leben, unsere Seelen nur darauf gewartet sich miteinander zu verbinden. Schwierigkeiten schmelzen, Lösungen wie Wunder ebnen unseren Weg und nach zwei Monaten bin ich aus der Ehe ausgezogen und mein Leben mit David, diesem „Der", kann beginnen.

Ich fühle mich wie ein Schwamm, der lange im Trockenen lag. Schwelge in unseren endlosen Gesprächen, in denen wir „die Welt retten", in denen wir die Harmonie unserer Wellenlängen erforschen. Unsere Sexualität schlägt Purzelbäume und Vertrautheit wächst. Keine irrealen Pubertäts-Träume! Wenn es so bliebe, wäre ich am Ziel meiner Wünsche. Nach zwölf Jahren Ehe bin ich nicht so unvorsichtig, völlig vorbehaltlos abzuheben.

Neben all dem üblichen Kennenlernen und Verliebt-Sein taucht urplötzlich etwas Unbekanntes auf. Mir fehlt der Rahmen, es einzuordnen. Wir machen einen kleinen Spaziergang, als die Realität sich plötzlich verändert und ich mich in einen Zustand versetzt fühle, der kaum zu beschreiben ist. Was geschieht mit mir? Und mit ihm? Die Grenzen zwischen uns lösen sich auf.

Licht zergleißt
Konturen verschweben
er ist ich bin er
wer bin ich
und er?

Zeit kondensiert.
Lautlose Stille.
Grenzenlos.

Transparenz
unserer Körperlichkeit
im raumlosen Raum
schutzlos
eins.

Transzendenz

Nur wenige Augenblicke, dann ist alles wie sonst: ein
Wald und ein Feldweg. Er und ich. Wortlos gehen wir
zum Auto zurück. Erst hier suchen wir nach Sätzen, uns
auszutauschen.
Er hat die Situation ähnlich erlebt wie ich, auch er ist
berührt von dieser überirdischen Nähe zwischen uns.
Was ist da passiert? Ich weiß es nicht. Eine mir fremde
Dimension hat sich aufgetan.

Unser persönlicher „Siebter Himmel" wird am 26. April
1986 jäh erschüttert: Tschernobyl, die
Nuklearkatastrophe. Das, was wir Realität nennen, ist
wieder eine Stufe bedrohlicher geworden. Die

Behauptung, Kernkraftanlagen seien sicher, zerbröselt im radioaktiven Wind und Unsicherheit ist plötzlich an der Tagesordnung. Wie wird die Zukunft aussehen? Warten Krankheiten und lebensverändernde Einschränkungen auf uns? Und: Wie lange haben wir noch zu leben? Zum ersten Mal ist eine nukleare Bedrohung in unseren Alltag gerückt. Wir dürfen die Kinder nicht mehr im Gras und Sand spielen lassen. Wir können nicht sicher sein, ob der Regen den Boden mit Wasser nährt oder mit Radioaktivität vergiftet. Man sieht die Gefahr nicht, riecht sie nicht, schmeckt sie nicht. Dieses Ungreifbare führt wohl auch dazu, dass man schnell wieder zum Gewohnten übergeht. „Normalität" pendelt sich auf einem neuen Niveau ein. Notfalls erhöht man die zulässigen Belastungswerte und wiegt sich in Sicherheit.

Wir verbringen den Feiertag 17. Juni sorgenvoll in meiner neuen kleinen Dachwohnung, als der Satz fällt: „Man müsste sich das Leben nehmen." Das ist nicht als Selbstmord gedacht, ganz im Gegenteil. Ideen und Wünsche werden frei – so als wüssten wir, dass wir wirklich nur noch kurze Zeit zu leben hätten. Ganz schnell ist klar, dass wir für ein Jahr reisen wollen. Und es dauert auch nicht lange, bis das Ziel feststeht: Südamerika.

Organisatorisch klärt sich alles schnell zum Guten. Womit wir nicht gerechnet haben, ist, wie schwer es fällt, die sozialen Beziehungen für ein Jahr auf Eis zu legen. Die Traurigkeit der Eltern zu spüren. Keiner wagt die Frage laut zu stellen: „Und wenn wir uns nicht wiedersehen?" Das wiegt schwer in unserem Reisegepäck. Ein Jahr

Südamerika hieß zu der Zeit noch, wir würden ein Jahr fast unerreichbar sein. Handys sind noch nicht in jeder Hand, an Internetcafés ist nicht zu denken und Briefe brauchen drei bis vier Wochen für die lange Reise und lagern dann „poste restante" in einem Postamt in irgendeiner Stadt, die wir irgendwann erreichen würden. Das einzige Telefonat, das wir von Argentinien nach Deutschland führen werden, wird handverstöpselt und die Leitung steht erst nach sechs Stunden Wartezeit im Postamt!

Wir sind richtig „weg".

Dieses Weg-Sein schenkt uns aber auch die Möglichkeit für ein anderes Leben. Ich lasse Rollenbilder, die ich von mir selbst habe, hinter mir und erprobe neue in einem veränderten Alltag, dem Reise-Alltag. Das ist in vielen Situationen eine Herausforderung. Wenn der Kochtopf kippt und die Spaghetti im Lagerfeuer landen oder das Autofahren auf Erdpisten meine Angst toben lässt, fühle ich mich klein und dumm. Ich stoße an meine Grenzen und muss sie wohl oder übel erweitern! Meine Selbsteinschätzung muss ständig korrigiert werden, was mich natürlich aus dem Gleichgewicht bringt und unsere noch junge Beziehung stark belastet.

Werden wir das Miteinander schaffen? Er und ich?

Mit dem räumlichen Abstand ist auch ein innerer Abstand zu meinen Eltern entstanden, der es mir ermöglicht, genauer hinzugucken. Was steht zwischen uns? Was liebe ich, was hasse ich? In Träumen, in Gesprächen mit David und in Ritualen rackere ich mich durch bis mein Verständnis für ihr Handeln wächst und ich vergeben kann. Meine Verurteilungen wandeln sich in Liebe. Da ist mehr zwischen uns als nur Erziehung und Alltag. Etwas, das über dieses Leben hinauszeigt.

„Vater" „Mutter" - es fühlt sich an wie ein kosmischer Vertrag und erfüllt mich mit Dankbarkeit. Das Netz unter meinem Boden. Von wem auch immer gespannt.

Ähnlich aufwühlend ist die Verarbeitung der gescheiterten Ehe. Alles kocht in diesem Reise-Freiraum hoch. Für mich ist wichtig zu erkennen, welches meine Anteile am Scheitern sind, denn ich will nicht noch einmal dieselben Fehler machen.

Reise-räumlich gesehen brodeln diese inneren Konflikte alle auf unserem Weg ans Ende der Welt. In Patagonien. Niemand, den wir auf Feuerland treffen, hat diese Region ohne Beziehungsprobleme passiert!

Patagonien, das ist eine schnurgerade Straße in Küstennähe. Rechts braunes Gestrüpp, links braunes Gestrüpp. Ganz weit im Westen zeichnen sich manchmal die Anden schemenhaft gegen den grauen Himmel ab. Einfahrten zu Estancias sind geschmückt mit bleichen Tierschädeln. Das Haus liegt unsichtbar in weiter Ferne. Hier wohnen ein bis zwei Einwohner auf einem Quadratkilometer! Pro Tag begegnen uns ein bis zwei Autos! Ein Land so groß wie die Türkei, mit so viel Weite, dass man völlig auf sich geschmissen ist. Die Eintönigkeit zerrt an den Nerven. Der starke Seitenwind reißt alles, was nicht festgehalten wird, machtvoll mit sich: Autotüren, Zeltplanen und Kleidungsstücke. Kochen, Pipi-Machen und Zeltaufbau werden zur logistischen

Meisterleistung. Besonders, wenn im Süden Argentiniens auch noch Schrägregen dazukommt.

Das erste Grün rührt mich zu Tränen: endlich wieder Leben! Das Panorama gleicht einer schweizerischen Idyll-Landschaft und weckt Vertrautheitsgefühle. Lange Moosflechten wehen an den Bäumen und verleihen dem lichten Wald Märchencharakter. Welche Wohltat für mein Auge, das so lange nur Grau und Braun und flache Weite sah. Wir erreichen das „Ende der Welt" zur Weihnachtszeit, die hier in den Hochsommer fällt. Doch „Hochsommer" bedeutet in Ushuaia, dass es eines Nachts bis auf hundert Meter über unserem Zeltplatz schneit. FEUERland – besser man lässt die Wärmequelle Feuer den ganzen Tag über nicht ausgehen.

Am Ende der Welt bin auch ich am Ende. Ich habe das Gefühl mit all meiner inneren Arbeit so ein Durcheinander erschaffen zu haben, dass eine Fortsetzung unserer Beziehung nicht möglich sei. Ich sehe uns getrennt und vorzeitig nach Deutschland zurückfliegen, bin von mir enttäuscht und ganz mutlos. Keine Frage, ich habe mir zu viel zugetraut, reise-technisch und beziehungsmäßig.

Das Miteinander scheint kaum noch möglich. Er und ich?

Wir treffen sehr viele Weltenbummler, die auf unterschiedlichste Arten unterwegs sind: mit dem Landrover, mit Wohnmobilen, mit dem Motorrad und wir mit unserem kleinen „Fusca", einem VW-Käfer, den wir in Brasilien gekauft haben. Sie alle scheinen voll des Glücks zu sein, ganz in ihrem Element des abenteuerlichen

Reisens. Nur ich fühle mich fremd und überfordert. Am Ende der Welt kann man nicht mal eben in den nächsten Flieger steigen. Oder mit dem Bus zu einer Stadt fahren, die ans Flugliniennetz angeschlossen ist.
Es heißt: ausharren.

Die Natur am Südzipfel dieses Kontinents nimmt uns ganz gefangen. Traumhafte Berge, Flüsse und Meeresbuchten glätten meine inneren Wogen ein wenig und stecken mich mit ihrer Friedlichkeit an. Ich komme etwas zur Ruhe. Mitte Januar treibt uns die Sehnsucht nach Wärme Richtung Norden. Wir trauen uns, doch durch Chile zu fahren, denn Leute, die von dort kamen, haben erzählt, dass es nicht so gefährlich sei, wie in manchem Reiseführer berichtet.
Dieses 4275km lange Land Chile erfreut uns mit seinen unglaublich unterschiedlichen Landschaften. Wir wandern vier Tage mit Minimal-Gepäck durch die Torres del Paine im Süden, lassen uns von Sturmböen durch- und umpusten und trotzen Regen und Kälte. Es ist herrlich, in diesem gigantischen Gebirge einsam und langsam unterwegs zu sein. Wir fahren die Caretera Austral mit unserem kleinen Käfer so weit südlich, wie sie damals gebaut war. Die Fuchsien-Büsche und Gewächse mit riesigen Blättern überragen unser Auto und wirken wie ein Wunder-Wald. Von Zeit zu Zeit flüchten wir in den Regenschatten der Anden, sprich nach Argentinien, um uns aufzuwärmen und die Zeltsachen zu trocknen.
Dieses mächtige Gebirge mit seinen Gipfelriesen um die sechstausend Meter Höhe beeindruckt uns sehr. Da

fahren wir mit unserem Fusca auf circa viertausend Meter hoch (mit nächtlichen Minusgraden!) und ringsherum werden wir immer noch von schneebedeckten Gipfeln überragt! Tief eingeprägt hat sich mir eine Situation, in der wir oben auf der Hochebene aus dem Auto steigen.
Und da ist nichts mehr, gar nichts
und gleichzeitig alles.

stille
atemloses lauschen
ins all

weite
unendlicher blick
ins sein

der mensch
ein staubkorn
und allumfassend
zugleich

kosmos
ordnende kraft
aus ewigkeit

Ich weiß plötzlich, dass es „etwas" in der Welt gibt, das diesem Gefüge eine Ordnung verleiht. Damals habe ich es noch nicht GOTT genannt. Und: wir haben es gemeinsam erlebt, welch Geschenk!
Miteinander – er und ich.

Später wird diese Anden-Erfahrung immer wieder in meinen Alltag einfließen, mich still und ergriffen machen. Irgendwann werde ich sie „Einheitserfahrung" nennen. Es war und bleibt das wesentlichste Erlebnis der Südamerika-Reise.

Langsam komme ich wieder in meine Kraft und es gelingt mir, einige innere Konflikte aufzulösen und loszulassen. Das tut unserem Miteinander gut.

Ein ganz besonderer Höhepunkt ist für mich die Besteigung des aktiven Vulkans Villarrica (2840m). Wir bauen unser Minizelt an seinem Fuße auf und besorgen uns Steigeisen für die Schneefelder. Der Aufstieg ist lang und beschwerlich, denn ich bin wahrlich keine „Bergziege". Kenne ich doch aus meiner Kindheit nur den Deich an der Weser und den Weyerberg mit seinen stolzen 54,4 Höhenmetern! Von den fünf Stunden müssen wir die Hälfte der Zeit mit diesen ungewohnten Steigeisen mühsame Schritte in den gefrorenen Schnee treten. Es scheint unendlich weit bis zur Rauchfahne am Gipfel! Mehrmals glaube ich, es nicht zu schaffen, aber als David mir die Tritte vorstapft, komme ich gut voran.

Miteinander – step by step.

Zum Schluss krabble ich noch auf allen V eren über die bröckelige, scharfkantige Lava am Gipfel.

Der Hang wölbt sich nach innen,

das Gestein leuchtet grün vom Schwefel,

der Berg grummelt,

der Rauch wird stärker,

der Schwefelgeruch intensiver…

noch ein Schritt und ich sehe ES:

das Auge des Vulkans; das Auge der Erde.

Rot-glühend brodelt die heiße Lava unter mir. Feurige Spritzer schießen auf den schwarzen Kraterrand, wo sie langsam verglühen.

Sattsehen – stundenlang mich sattsehen!

Es ist ein Blick in die Unendlichkeit – etwas wie GOTT und doch nicht GOTT.

Ich glaube, verrückt zu werden. Sehe mich schon schreiend umherlaufen, immer kurz vor einem Sturz in die Tiefe. Fürsorglich nimmt David meine Hand und verankert mich so in der Wirklichkeit.

Miteinander – Hand in Hand.

Dann setze ich mich lieber hin. Im Sitzen kann ich dieses gigantische Szenario gefahrloser genießen. David geht noch die letzten Meter bis zum wirklichen Gipfel neben dem Kraterschlund hoch und ich bleibe   allein mit diesem Etwas, diesem Auge, diesem Loch. Vor aufgewühlter Ergriffenheit muss ich plötzlich schluchzen.

Feuer
voll Sog und Furcht
Feuerauge des Seins
im Innern verglüht mein Ich
verschmilzt in Elementen
verrückt mich
zu Tiefe
und Sein

SEIN ?

Doch zum Sich-Fallenlassen ist keine Zeit, denn wir müssen an den Abstieg denken. Es ist schon achtzehn Uhr und bald wird sich der Schnee in steinhartes Eis verwandeln. Ich gehe noch die eine Kraterwand hoch, um einen Blick in die andere Richtung zu werfen. Jetzt ist es die Weite, die mich packt. Wieder schluchzt es aus mir heraus: da liegt die Welt zu meinen Füßen! Unendliche Berge, unendliche Weite.

Natürlich ist der Abstieg anstrengend, natürlich wird der Hunger unerträglich, natürlich sind die Beine bleischwer und kriecht die Angst abzurutschen immer wieder den Nacken hoch, aber ich habe ES gesehen! Was immer ES ist und war.

Je nördlicher wir kommen, umso ausgeglichener werde ich. Wie gut, dass ich auf Feuerland in kein Flugzeug steigen konnte und stattdessen unserer Beziehung eine Chance geben musste. Sie hat die Turbulenzen überlebt! Und wie gut! Wir sind sozusagen mit allen Wassern gewaschen oder auch: Sturm- und Feuer-erprobt. Und so kommt es, dass wir uns im März in Cachi (Argentinien) bei der Besichtigung einer kleinen Kirche spanischen Ursprungs ganz spontan vor dem Altar anstrahlen und „ja" sagen.

Miteinander – Herz in Herz heiraten wir - vor GOTT.

Auf der Schotterpiste über die Anden von Salta in Argentinien nach Antofagasta in Chile sehen wir Mondaufgänge wie im Märchen und Flamingos auf viertausend Meter Höhe. Die Nächte hier oben sind frostig kalt und wir schützen den guten argentinischen

Rotwein in unseren Schlafsäcken! Neunzehn Flussdurchfahrten müssen wir mit unserem Käfer mutig bewältigen! Manchmal spritzt das Wasser bis aufs Autodach.

Und dann liegt sie plötzlich in all ihrer Schönheit vor uns: die Atacama, die trockenste Wüste der Welt. Grau-lila-rosa-braun schimmert ihre Oberfläche aus Sand und Salz und zerfließt mit einem blassblauen Himmel. Wir tauchen ein in eine Weite, die gewohnte Größen aufhebt.

Zeit dehnt sich. Dimensionen verschwimmen.

Die Gesichter der Menschen in San Pedro spiegeln die Ewigkeit. Sie strahlen Ruhe und Gelassenheit aus. Ihr Blick wird scheu, sehen sie einen Fotoapparat. Aus Furcht die Seele zu verlieren, verziehen sie sich in den schützenden Schatten des Hauseingangs. Die Behausungen sind aus Adobe gebaut – luftgetrockneten Lehmziegeln. Das Material dafür schenkt der Boden im Lebensraum. Und so fügen sie sich weich und organisch in die Landschaft, atmen dieselben Farben wie die Atacama.

Wir finden weit außerhalb des Dorfes einen abgelegenen Platz für unser Zelt. Wir wollen nicht stören. Als auch wir nach all den Kilometern und Sinneseindrücken zur Ruhe kommen, entpuppt sich dieses „Nichts" der Wüste:

Leise Töne füllen die Wirklichkeit.

Sandkörnchen wispern im leichten Wind.

Trocken schabt der Halm über die Erde.

Braungerosteter Grabschmuck weint leise in der Weite.

Eine feine Aufmerksamkeit für Farben schenkt mir diese Wüste. Es sind zarte Schimmer aus grau-lila, die abends im tiefen Licht der Sonne rosa-orange flammen. Salzkristalle krusten weiß dazwischen. Als hätten sie sich fein gemacht für ein besonderes Fest. Das „Nichts" erfüllt unsere Seele.

Ganz andere Naturerlebnisse schenken uns die brasilianischen Landschaften.

Ein brauner, breiter Amazonas ist unser Gastgeber für fünf Tage, die wir schaukelnd im Hängemattenboot verbringen. Jeder Passagier hakt seine eigene „rede" (Hängematte) an Deck ein und Seite an Seite wiegen wir uns im Takt der Wellen im Gleichmaß durch den Tag und die Nacht.

Das Pantanal, ein Wasser-Sumpf-Gebiet im Südwesten Brasiliens, fasziniert uns durch seinen Artenreichtum und seine Unwegsamkeit. Wir füttern Piranhas mit Fleischstücken, fürchten uns vor den Krokodilen in Sichtweite und sehen unzählige Vogelarten, Wasserschweine und Echsen.

Traumhafte Strände ziehen sich an der gesamten Küste Brasilien entlang. Jeder Blick erinnert an einen Reiseprospekt, bei dem man eine trügerische Fotorealität vermutet, aber es ist alles „echt"! Die Seele baumelt von ganz allein.

Zwei Monate vor unserem Rückflug nach Deutschland müssen wir uns in Santos an der Ostküste Brasiliens schweren Herzens von unserem VW-Käferle trennen, das uns so treu durch all die Unwegsamkeiter trug und uns unsere ganz individuelle Reise ermöglichte. Nun schenkt es uns noch so viel Geld, dass wir die restliche Zeit überbrücken können. Wir besuchen Dona Heidi, eine deutsche Freundin, die nach Belem ausgewandert ist, in ihrem Haus mit europäischem Ambiente. Ein Zufluchtsort. Doch es warten Unglaublichkeiten auf uns: Kakerlaken, Geckos, Ameisen und Moskitos bevölkern Zimmer und Terrassen, denn man kann nicht jede Ritze versiegeln. Feuchte und Hitze lassen alles überquellen: die Vegetation, die Früchte, die Insekten, das Keimen, das Vermodern. Häuser müssen jedes Jahr geweißelt werden, sollen sie nicht grün-schwarz dem Verfall entgegeneilen. Abwässer rinnsalen sich durch Sandwege. Es stinkt und duftet, es blüht und welkt, es lebt und stirbt. Im pulsierenden Tropen-Klima vermählen sich Leben und Tod. Alles in einer Intensität, die für die eher gemäßigte deutsche Wahrnehmungsfähigkeit eine krasse Herausforderung, wenn nicht sogar Überforderung darstellt. Unsere Gefühle torkeln ständig hin und her zwischen dem Bestaunen der Fülle und dem Ekel vor dem Verwesenden. Werden und Vergehen geschieht im Eiltempo. Die überreiche Auswahl an köstlichsten Früchten ist mir unvergessen, aber auch ebenso der bestialische Gestank des zum Verkauf angebotenen Fleisches auf dem Wochenmarkt.

Brasilien bleibt mir fremd. Meine Gedankenschwere findet keinen Zugang zu der Lebens-Leichtigkeit dieser Menschen und ich habe Sehnsucht nach den unendlichen Gesichtern der Indios in den Anden, nach Landschaften wie Seelenbalsam. Und so buchen wir zum Ende der Reise unseren Abflugort von Rio de Janeiro um auf Santiago de Chile und wagen den Mammut-Trip mit Bus und Eisenbahn quer durch den Kontinent von der Ostküste Brasiliens bis an die Westküste Chiles, in unsere geliebte Atacama. Dort sind wir wieder „richtig", fühlen wir uns wieder. Wir brauchen Stille und Langsamkeit, Ordnung und Einfachheit. Noch einmal tanken wir unsere Seelen auf, bevor uns ein Fernbus zum Flughafen bringen wird. Doch es scheint, als wolle uns die Atacama gar nicht gehen lassen: Wassermassen haben eine Brücke auf der einzigen Straße gen Süden weggerissen. Nichts geht mehr. Nach Tagen des Wartens werden wir schließlich im dicken Bauch eines Transportflugzeugs nach Santiago ausgeflogen!

Wir fliegen gemeinsam zurück – er und ich.

Das Miteinander ist gelungen. Es hat eine ganz feste Basis bekommen auf dieser Reise.

~~~

Wie kommt man zurück von zehn Monaten Aus-Zeit?

Auf der äußeren Ebene überstürzen sich die Not-Wendigkeiten. Der Lebens-organisatorische Kleinkram fordert unsere Aufmerksamkeit und Tatkraft. Zwischen Landung in Deutschland und Einstieg in meinen beruflichen Schulalltag liegen zwei Wochen Zeit. Das überfordert mich und meine Seele, die aus so viel Stille und Gelassenheit kommen. Was ist das für ein Leben hier? Was machen wir aus unserem Leben? Machen wir ein gutes Leben, wenn wir Hundesalons für die Schönheit der Vierbeiner einrichten? Wenn wir bereit sind, das Jahreseinkommen eines Chilenen für eine einzige Stereobox auszugeben und natürlich auch noch eine zweite brauchen? Leben wir verhältnismäßig: haben wir noch das Maß für die Verhältnismäßigkeit? Der Wohlstands-Wahn bedrückt mich körperlich spürbar. Und doch steige ich wieder ein.

David und ich klären als erstes die Frage, wo wir leben wollen. Wir folgen Davids Wunsch, in den deutschen Süden zu ziehen, weil ihm im Münsterland und Ruhrgebiet, wo wir bisher lebten, der „Himmel auf den Kopf fällt". Ich freue mich über diese Möglichkeit, meine deutschen Himmelsrichtungen zu komplettieren: im Norden geboren und aufgewachsen, im Osten studiert und gearbeitet, im Westen das Leben fortgesetzt. So erkunden wir die Gegebenheiten und entscheiden uns schlussendlich für Schwellingen am Rande des Schwarzwalds als Niederlassungsort für David, und Weiladingen an der Schwäbischen Alb als Wohnort. Freudig erzähle ich jedem: „Ich wohn jetzt dort, wo ich früher Urlaub gemacht habe". Die Landschaft erfüllt und beruhigt mich, besonders in den Zeiten der Gewöhnungsschwierigkeiten. Am 8.8.1988 fahre ich mit der letzten Umzugsladung in mein neues Leben. 544 Kilometer legen sich zwischen jetzt und gestern. Mut und Bangen halten sich die Waage. Die Liebe lässt mich vertrauen.

Der Anfang in meinem neuen Leben ist schwer. David fährt morgens von unserem Wohnort nach Schwellingen und ein langer Tag ohne ihn liegt vor mir. Die ersten Bekannten, mit denen wir uns angefreundet haben, sind natürlich auch alle berufstätig, sodass ich acht bis zehn

Stunden mit mir selbst verbringen muss. Das ist nicht immer einfach und manchmal kullern meine Tränen.

Sprachlich bin ich besonders in Davids Familie, die im selben Ort wohnt, im Ausland gelandet. Ist das auch Deutsch? Ich verstehe zunächst kein einziges Wort. Der schwäbische Dialekt klingt für mich wie eine endlose Aneinanderreihung von Silben, in der die Bedeutung des Gesprochenen verrutscht oder verloren geht. „Wir können alles, außer Hochdeutsch" wird im Ländle wohl mit einem Zwinkern im Augenwinkel gesagt, beinhaltet aber, wie so mancher „Witz", auch einen als wahr empfundenen Kern: das Selbstverständnis, wegen mangelnder Sprachkenntnisse minderwertig zu sein. Erlebnis Sprache!

Die ersten Jahre unserer Ehe sind geprägt vom Ringen um Wörter und Sätze. Nord- und Süddeutschland suchen Verständigung. Erschwerend kommt der Kontrast Stadt – Land hinzu und manchmal dauert es Stunden bis wir das Gefühl haben, den Sinn unserer Sätze erkannt zu haben. Diese Erfahrung macht mich verständnisvoll für die Mühen in Gesprächen zwischen fremden Personen. Wenn schon wir, die wir uns lieben und mit wohlwollenden Ohren hören, solche Schwierigkeiten haben, wie soll das Verstehen funktionieren, wenn keine positive Beziehung die Hürden überwinden hilft, wenn womöglich noch unterschiedliche kulturelle Vorstellungen das Gelingen beeinträchtigen? Geduld und „Verstehen-wollen" sind ein wesentlicher Schlüssel zum friedlichen Miteinander.

Nicht nur sprachlich, auch emotional fühle ich mich fremd. „Himmelhoch jauchzend – zu Tode betrübt" – so beschrieb meine Mutter mein Temperament. Und nun bin ich umgeben von Menschen, die sagen: „`s duets" (es geht so), wenn sie etwas eigentlich loben wollen. „It bruddlet isch au k'lobt" (nicht gegrummelt, ist auch gelobt) spiegelt einen Umgang mit Emotionen, der mir wesensfremd ist. Noch heute.

Es ist mein Glück, dass ich in den ersten Jahren in der Mentalität der Weiladinger noch nicht angekommen und noch Stadtkind bin. So habe ich den Mut ein Seidenmal-Lädchen zu eröffnen. Jetzt sind meine Tage gefüllt mit leuchtenden Farben, jetzt betrete ich mein kleines Atelier jeden Morgen mit Wonne. Rückblickend muss ich schmunzeln über den Kontrast zwischen dem, was hier üblich war/ist und meinem Tun. Sie werden mich als Exotin angesehen haben! Aber mein Lädchen rettet mich in der Zeit der Arbeitslosigkeit bis meine Stelle von Nordrhein-Westfalen nach Baden-Württemberg getauscht ist.

Diese Mühen der ersten Jahre sind zwar schwer, aber ich verzweifle nicht an ihnen, denn das Wichtigste in diesem neuen Leben ist, dass sich tagtäglich mein Traum erfüllt! Unsere Liebe überbrückt alle Schwierigkeiten und trägt mich durch die dunklen Zeiten. Welch Geschenk des Himmels! Auf dieser Basis kann Leben gelingen. Wir heiraten drei Jahre nach unserem ersten „Erblicken" standesamtlich. Kirchlich haben wir ja schon aus tiefem Herzen 1987 in Cachi in Argentinien vor GOTT „ja" gesagt.

Als für unsere Wohnung Eigenbedarf angemeldet wird, kaufen wir ein denkmalgeschütztes Haus von 1560 in

Weiladingen und werden „Häusle-Bauer" – wie es so üblich ist im Ländle. Hier fängt das Wochenende nicht wie in meiner Stadtfamilie am Freitagnachmittag an, sondern erst am Samstagabend, nachdem man „d'Stroahß g'wischt hett" (den Fußweg gefegt hat). Vorher wird gehämmert, gemauert, gesägt, gemacht und getan. Und wehe, einer fegt schon um fünfzehn Uhr: „het dr net z'tont?" (Hat der nichts zu tun?) Die soziale Ächtung ist sicher.

Baumärkte sind hier hoch im Kurs und ihre Parkplätze samstags rappelvoll – so wie in Bremen die Tiefgaragen der großen Kaufhäuser. Die einen sparen ihr Geld durch Eigenarbeit – die anderen geben es aus, um schick auszusehen. Auch ein Spagat unserer Ehe: der Umgang mit Geld.

Nach dreieinhalb mühevollen Jahren, in denen wir sowohl in Eiseskälte als auch bei brütenden Hochsommer-Temperaturen Wochenende für Wochenende dieses alte Haus renovieren, können wir im Januar 1991 einziehen und im Februar endet meine freiwillige Beurlaubung. Man hat eine Stelle direkt in Weiladingen für mich gefunden, allerdings in der Hauptschule. Das macht mir Angst. Die Hauptschüler haben den Ruf, verhaltensauffällig zu sein. Kann ich mir diese schwierige Aufgabe zutrauen? Bisher habe ich es nur mit den „lieben Kleinen" an der Grundschule zu tun gehabt – vornehmlich in Klasse eins und zwei. Und nun muss ich die Hälfte eines siebten Schuljahrgangs übernehmen! Doch es klappt ganz gut, denn ich habe einen „Schulvater" zur Seite, der vorher Klassenlehrer dieser Hälfte war, und die „Pappenheimer" auch aus der Ferne dirigiert.

So stellt sich in meinem Leben eine gewisse Beruhigung ein: das Wohnen ist nicht mehr Entwicklungsgebiet, der Alltag hat durch die Berufstätigkeit wieder eine Struktur und unsere Liebe ist aus den Anfangswirren heraus.

An meinem vierzigsten Geburtstag bringe ich ein leidvolles anderes Thema mit einem Ritual zum Abschluss: meine Kinderlosigkeit. Hinter mir liegt eine Zeit all-monatlicher Verzweiflung. Nun finde ich mich ab, finde mich ab mit einem Leben ohne diesen Segen.

Tja und nun? Ein Freund bringt es auf den Punkt: Jetzt geht es INNEN weiter! Wie recht er hat! In den nächsten Jahren überschüttet man mich mit wegweisenden Träumen. Die Reise nach Innen beginnt mit einem Traum aus zwei Teilen:

Ich steige auf eine steile Leiter, die bei Goethe endet. Hier ist das Licht. Es ist heilbringend. Das Allerwichtigste im Leben des Menschen ist, dass er den Weg ins Licht findet.

Da sind mehrere Räume, die ineinander übergehen und in denen einfache Feldbetten stehen. Auf zwei Betten liegen je ein Mann und eine Frau in einfacher Kleidung. Sie strahlen sich mit den Augen liebevoll an. Ich bin ganz berührt von ihrem Glanz in den Augen und weiß: Liebe ist ganz wichtig im Leben.

LICHT UND LIEBE.

Drei Tage später bin ich bei einem Atemtherapeuten und erlebe in einer „Gefühlsreise" Bilder, die mich mit Glück erfüllen. Am Ende weiß ich: Ich habe GOTT gesehen.

Diese Träume und Erlebnisse verströmen eine heilige Atmosphäre und hinterlassen mich ergriffen. Ich fühle mich zu „klein" für solch erhabene Botschaften. Nach dem Motto: Ich doch nicht! Denn zu der Zeit habe ich noch ein gebrochenes Verhältnis zu GOTT und Glauben.
Es ist so entstanden: „Guten Abend, gute Nacht" - mit diesem Lied brachte mich meine Mutter in meiner Kindheit zu Bett. Sie sang es fröhlich und liebevoll, deckte mich sorgfältig zu und setzte sich auf die Bettkante. Dann wurde es still und wir beteten:

> Ich bin klein,
> mein Herz ist rein
> soll niemand drin wohnen
> als Jesus allein.

Jesus. Mein Jesus. In der Grundschule war es für mich der Inbegriff von Geborgenheit, wenn in der Adventszeit morgens der Klassenraum noch dunkel war und wir jeder am Platz eine mitgebrachte Kerze anzünden durften. Sonst gab es keinen Lichtschein. Nur das milde Licht unserer Kerzen. Und dann las Fräulein Dreyer eine Wundergeschichte von Jesus vor.
Und wir lauschten.
Und es war Stille.
Vor dem Fenster dämmerte langsam der Morgen über der Weser, während ich innen versank in das Wunder und in meinen Jesus. Sonst wusste ich nicht viel vom

Glauben an GOTT. Religionsunterricht war für mich: Jesus. Und ich beneidete seine Jünger, dass sie ihm so nah sein durften.

Meine Eltern waren keine Kirchgänger, aber sie ermöglichten mir, meinen Weg zu finden und das Evangelische kennenzulernen. Mein Vater fühlte sich eher naturverbunden und liebte den Satz: Willst du GOTTES Allmacht sehn, musst du auf die Berge gehn. Diese Wertschätzung der Natur hat er an mich weitergegeben. Meine Mutter sorgte dafür, dass eine sanfte Form der Kirchentraditionen in unserer kleinen Dreier-Familie erhalten blieb und schwieg zur Sinnfrage. So wurde ich zum Konfirmations-Unterricht angemeldet, wo ich den Kirchen-Glauben erfuhr. Ich hörte mit Freude vom GOTT der Liebe. Das passte zu „meinem" Jesus. Doch ich konnte nicht begreifen, warum dieser GOTT der Liebe mich verdammen sollte, warum er Richter sein konnte, zu richten die Lebendigen und die Toten. Das kann doch nicht sein! Merkte denn keiner den Widerspruch?

Der Religionsunterricht am Gymnasium in der Oberstufe öffnete meinen Blick auf die Weltreligionen. GOTT bekam „Nachbarn" mit einer ähnlichen Wertschätzung durch die jeweiligen Gläubigen. Nun wurden meine Fragezeichen nach dem rechten Glauben und dem Sinn des Lebens noch größer. Indien stand plötzlich hoch im Kurs bei den „Revoluzzern" (wie mein Vater sie voll Verachtung nannte), Indien als Domäne des befreiten Glaubens. Aber dafür war ich noch zu sehr „Kind"; das konnte keine Alternative für mich sein. Einige Jahre später war es vorbei mit meinem Jesus. Ich verstaute die

Postkarte „Christuskopf" von Rembrandt und formulierte die letzten Zeilen meines Kindergebets um: „soll niemand drin wohnen - auch Jesus nicht". Die 68er stürmten durch unsere Weltanschauungen. Regelverstöße und Tabuverletzungen galten als Siege, die ein Lächeln der Zugehörigkeit auf meine Lippen zauberten. „Macht kaputt, was euch kaputt macht" avancierte zur Legitimation für Respektlosigkeiten. Oft wurde nicht hinterfragt, ob nicht doch ein Sinn hinter der Regel stehen könnte. Ich trat aus der Kirche aus, wie es die anderen auch taten. Es folgten „gottlose" Jahre.

Und nun, nach circa zwanzig Jahren „ohne GOTT", diese heiligen Botschaften in Träumen und Atemsitzung! Ich bin mehr als verwundert. Aber man hat mich ja behutsam vorbereitet. Das Wissen in der Andenstille: „Es gibt eine ordnende Kraft", die tiefe Ergriffenheit beim Blick ins Vulkanfeuer und die Öffnung für die Wahrnehmung einer ganz anderen „Realität" beim Spaziergang damals in der Nähe von Münster, wo die Grenzen der Körperlichkeit zwischen David und mir verschwammen. Eine neue Weltsicht beginnt sich in mir zu formen.

Es war einmal ein Garten voll reicher Fülle. Farbig und grün, zart und stabil, glänzend und matt – alles hatte seinen Raum, sein Sein. Ein Jedes wuchs nach seinem inneren Plan voll Würde und Schönheit.

Es durfte sein, so wie es gemeint war. In dieser Fülle wirkten zwei Wesen im Einklang. Im Einklang mit sich selbst, miteinander und mit der Gartenfülle. Herz und Seele in Einheit. Sie wussten um die Wahrheit allen Seins und pflegten voll Liebe und Hingabe ein Jedes nach seiner Art. Und so gedieh alles zur Pracht.

Dann kam die Zeit, da wurden die Wesen sich selbst gewahr als zwei. Als zwei mit Verschiedenheit. Sie sahen an ihr Geborensein aus Geben und Empfangen und wähnten sich als Getrenntes. Sie nahmen Gestalt an. Im Geben und im Empfangen. Er und Sie. Er schenkte der Fülle Ordnung, auf dass jedes zu seinem Recht käme. Sie empfing die Träume der Fülle und sorgte für die Entfaltung ihrer Möglichkeiten. Und es brauchte beides im Einklang, Hand in Hand.

Eines Tages kündigte sich Besuch an, zu sehen die Fülle, zu genießen die Schönheit und Harmonie.

Das brachte Bewegung in den Garten und all seine Bewohner erfüllte es mit erhöhter Achtsamkeit. Wir werden gesehen werden! Das „Sie" erspürte, ob auch Einklang sei und das „Er" entwickelte großen Eifer im Ordnen der Dinge, die vielleicht dem Betrachter nicht wohlgefallen würden. Er zupfelte hier und bog dort, gab allem eine Richtung nach der vermuteten Erwartung.

Schließlich war es soweit: die Besucherin näherte sich. Sie war ganz verzaubert von der Vielfalt des Seins in diesem Garten. Sie sah an die beiden Geschöpfe und benannte sie: Schmetterlingsfee und Herrscher der Tatkraft. Die Fee war gekleidet in ein rosa Fließgewand aus feinster Seide und ihre blonden Locken fielen sanft auf ihre Schultern. In ihrer linken Hand hielt sie eine wunderschöne große Feder, die sie nie weglegte. Ihr Gang war ein Schweben, so behutsam berührten ihre Füße den Boden. Anmutig führte die Fee die Besucherin durch die Schönheit des Gartens, verweilte mit ihr unter der lichtvollen Birke und schenkte ihr wohlschmeckende Früchte. Ganz wie im Märchen.

Unterdessen änderte der Herrscher noch schnell voller Tatkraft das Aussehen einer Pflanze, die, wie er meinte, etwas zu unordentlich war. Der Herrscher trug ein rotes Hemd mit aufgekrempelten Ärmeln, das in seiner roten Arbeitshose steckte. Sein Aussehen war voller Kraft und Dynamik. So, wie er eben selbst war. Manchmal knallte er auch mit dem Strick in seiner rechten Hand, um seine Macht zu signalisieren. Auch er begrüßte die Besucherin freundlich, hatte er doch das Gefühl, der Garten sei so sehr in Ordnung, dass er ihn getrost vorzeigen könne. Die Bewunderung der Besucherin beflügelte ihn in dieser Auffassung und so machte er sich, als die Frau gegangen war, an die Arbeit, noch mehr Ordnung herzustellen, noch mehr nach seinen Vorstellungen zu gestalten. Immer mehr erschuf er seine Sicht der Dinge. Die Balance zwischen ihm und seiner Schmetterlingsfee ging dadurch verloren. Und er merkte es nicht. Er sah nur noch sich selbst. Die Schmetterlingsfee ließ ihn gewähren, wusste sie doch, dass er vor lauter Tatkraft vergessen hatte, nach innen zu horchen auf den Einklang in allem, was ist. Dann kam die Besucherin zum zweiten Mal. Sie hatte einen Korb voller Blumenstauden mitgebracht, die sie jetzt in die Beete setzte. Das sah wunderschön aus. Die Schmetterlingsfee berührte die neuen Pflanzen mit ihrer Feder, damit sie wohl gedeihen mögen in ihrem anderen Zuhause. Und die beiden Frauen lächelten sich an von Herz zu Herz.

Als der Herrscher der Tatkraft sah, auf welche Art die Besucherin die mitgebrachten Blumen in die Beete eingesetzt hatte, war er sehr erschrocken. Sie hatte es nicht richtig gemacht! Er war nicht böse, aber er musste ihr auf jeden Fall erklären, wie es besser gemacht werden konnte. Die Frau sollte doch lernen, wie sie richtig handeln könnte. Er musste ihr helfen! Auf jeden Fall. Und so hielt er ihr einen langen Vortrag, erklärte ihr die Art, wie sie tatkraften solle und wie sie die Pflanzen korrekt einsetzen könne. Unmissverständlich. Verschüchtert verließ die Frau den wunderschönen Garten und auch die Schmetterlingsfee zog sich zurück.

Beim dritten Besuch der Frau führte die Schmetterlingsfee sie in die geheimen Winkel des Gartens, wo sie sich wohl und geborgen fühlten. Sie öffneten sich ganz füreinander und die Besucherin vertraute sich diesem zarten Wesen an. Ein Band der Liebe war zwischen ihnen.

Doch plötzlich kam der Herrscher der Tatkraft wieder. Er hatte inzwischen eine mürrische Ausstrahlung, fand er doch alles nicht richtig, so wie es war. Seine Mundwinkel drückten sich nach unten, seine Stirn formte eine steile

Falte. Seine Fingernägel waren zu schwarzen Krallen gewachsen, mit denen jeder Griff zum Angriff werden konnte und er war ganz in schwarz gekleidet. Unzufrieden blickte er um sich und mit seinem Seil zwang er nun alle Pflanzen gerade zu wachsen. Denn er hatte eine genaue Vorstellung davon, wie alles richtig war. Er hieß jetzt „der Schwarze", denn schwarz war alles an ihm und schwarz war alles, was er sah.

Als er die Besucherin begrüßt hatte, nutzte er die Gelegenheit zu einem erneuten Vortrag über richtig und falsch. Er merkte nicht, dass ja auch die Frau eine Idee vom Leben hatte, die er hätte respektieren können. Er sah nur, dass sie es nicht so machte, wie er es für richtig hielt. Und er wusste es doch genau, oder?

Die Besucherin wandte sich ab. Dies war nicht länger ihr Ort. Hier konnte sie nicht so sein, wie sie gemeint war. Sie verabschiedete sich schweren Herzens von der Schmetterlingsfee, die ihre Freundin geworden war, und verließ den Garten, in dem nicht mehr die Fülle schwelgte, sondern nur noch Ordnung herrschte. Das Lebendige war zu Tode geordnet worden. Der Schwarze wunderte sich über die Heftigkeit der Reaktion. Er hatte doch nur helfen wollen! Aber seine engen Vorstellungen erstickten Freiheit und Fülle. Und er merkte es nicht. Die Schmetterlingsfee verkroch sich in die hinterste Ecke des Gartens und kam nur noch selten hervor. Auch sie hatte keinen Raum mehr zu sein, wie sie war. Und er merkte nicht die zerstörerische Kraft seiner Gedanken und Worte und er merkte nicht, dass sein Herz hart wurde ohne seine Schmetterlingsfee.

Was hier klingt wie ein Märchen, ist leider Realität. Zwei Anteile in mir müssen miteinander auskommen: die Schmetterlingsfee, die Sanfte, und der Herrscher der Tatkraft, der Schwarze. So viele meiner Freundschaften sind zerbrochen, weil der Schwarze in mir Oberhand hatte und seine zerstörerische Kraft nicht merkte, mit der er nichts gelten ließ, als seine eigene Sicht der Welt. Andere Meinungen passen selten in meine engen Vorstellungen, wenn ich „er" bin.

Mit selbstverständlicher Sicherheit weiß ich dann über Gut und Böse Bescheid, kritisiere meine Freundinnen und kann sie nicht so lassen, wie sie sind. Wie sie von GOTT gemeint sind! Viel Leid habe ich damit verursacht.

Ich weiß, der Schwarze in mir ist väterliches Erbe. Mein Vater hat mich streng erzogen nach seinen festen Vorstellungen. Das war die Wirklichkeit meiner Kindheit: mit zwei Jahren konnte ich mit Messer und Gabel essen, belegte Brote musste ich in rechtwinklige Häppchen schneiden, Schul-Aufsätze wurden so lange korrigiert, bis sie nichts mehr von mir enthielten und was mir nicht auf Anhieb so gelang, wie er es für richtig hielt, wurde mir aus der Hand genommen. Zu meinem Besten. Mein Vater war ein Besserwisser. Wie ich. Auch er wird in seiner Kindheit nichts anderes kennengelernt haben – genau wie ich. Da diese zerstörerische Kraft unter dem Deckmantel des Helfen-Wollens daherkommt, fällt es so schwer sie zu erkennen. In der Absicht, jemandem etwas Gutes zu tun, ihn auf den richtigen Weg zu bringen, missachtet sie die Einmaligkeit des Mitmenschen, missachtet dessen ganz eigenes Wesen.

Und merkt es nicht. Er wie ich.

Gleichzeitig ist es auch die Geschichte des Menschseins. Im Zusammenwirken von yin und yang entsteht in der Balance ein paradiesischer Zustand, der „Garten" wächst, blüht und gedeiht. Ein Schwingen der beiden Kräfte „Tat" und „Empfangen" begünstigt Wachstum, Weiterentwicklung, den Fluss der Dinge. Wir haben allem Tatkräftigen die Oberhand gegeben und erkennen die Notwendigkeit der anderen Hälfte des Gefüges nicht. „Der Schwarze" wird mit seiner einseitig ausgerichteten Macht zur Zerstörungskraft. Wir ergötzen uns an allem Mach(t)baren und binden es nicht ein in den Kontext der Ethik. Wir haben nicht mehr das Wohl des Menschen zum Ziel, sondern werten Geld und Erfolg als höchstes Gut.
Und merken es nicht.

EINE
göttliche ordnung
EIN sinn
im auf und ab
des kosmischen atem
im wachen und träumen
eine EINigkeit

selbst
GOTT
ist nicht all-ein
ist EINS erst im
teufel

und zum weib
gehört ein mann
und zum mann
ein weib
und selbst
mann und mann
und
weib und weib
folgen dem göttlichen plan
denn immer ist
nacht und tag beieinander
und so lebt
EINigkeit

und der feminismus
reißt die mondgöttin
in den männlichen tagdrang
reißt und zerrt
am EINklang
von ihm und ihr
und die göttlichen waagschalen
stürzen und steigen
und
die welt
verliert die nacht
und stirbt am täglichen

die liebe
behütet licht und schatten
jedes zu seiner zeit
und lässt der nacht die dunkelheit

und dem tag das licht
und jedes darf wachsen
so wie es muss
im kosmischen gefüge
viel weiser
als alle
vernunft

und
in der schule
lebt nur
der männliche tag
muss planen und richten
verfolgen und ziehen
muss stoßen und zerren

der kindliche EINklang
zerbricht
am ungleichgewicht
zerbricht
am kopf

und das herz schreit
laut durch den mund
und das herz schreit
stark durch die faust

und fehlt bloß die nacht

Wir haben den Sinn verloren, den Sinn für die Balance.
Zum Weltlichen gehört das Göttliche, zur Tat das

Empfangen, zum Männlichen das Weibliche. Yin und yang im Einklang, im Schwingen.
Ein Traum zeigt auf, wie der Weg des Heil-Werdens gelingen kann:

> SO, WIE DU DIE WELT HABEN WILLST,
> SO MUSST DU SIE VERÄNDERN.

Wenn du eine friedliche Welt in der Balance willst, dann musst du sie auch auf friedlichem Wege anstreben, ohne zu kämpfen, ohne zu schreien und ohne dich von der Vernichtungskraft beherrschen zu lassen.

~~~

In den folgenden Jahren werde ich immer wieder mit meiner zerstörerischen Kraft, die aus dem Ungleichgewicht von yin und yang wächst, konfrontiert, sei es durch Traumbilder, durch Erkenntnisse in Selbsterfahrungs-Seminaren oder in surrealen Erlebnissen mit meiner Freundin Chalis.

Im September 1994 packt mich ein dramatisches Traumgeschehen, das mich die nächsten Wochen und Monate beschäftigt. Die begleitenden Gefühle sind so vehement, dass ich die Bilder nicht einfach beiseiteschieben kann.

Ich gehöre zu einem Indianerstamm. Wir werden von Weißen beschossen. Ich trage eine Verletzung davon, die mich tötet/nicht tötet und sie wird zu meinem Karma. Sie ist ein

Einschuss in die rechte Seite meiner Brust und ich sterbe mit den Fingerspitzen in der blutigen Wunde.

Ich werde wiedergeboren. Es ist wieder Angriff. Diesmal bin ich nicht Indianerin, gehöre aber mit zum Stamm. Meine Indianer-Freundin steht links vor mir. Sie wird von den Kugeln der Weißen nicht verletzt – wie ein Wunder. Die Kraft ihrer Konzentration macht sie unverletzbar. Und sie schützt auch mich. Plötzlich ist ein Blatt Papier vor der Freundin, unsere Körper berühren sich und die Konzentration ist zerstört: die nächste Kugel trifft. Jede Kugel, die unsere Körper trifft, lässt uns aufzucken. Wir sterben, aber existieren weiter.

Ich fahre nun mit dem Bus an der Angriffslinie immer hin und her. Ich habe irgendeine Aufgabe und kann jetzt nicht verletzt werden. Aber ich weiß, es ist eine Frage der Zeit. Ich versuche mich zu konzentrieren. Ich will es schaffen! Viele Kugeln zischen vorbei. Doch eine wird mich treffen. Ich weiß es. Ich werde den Bann nicht brechen können. Das Karma wird weitergehen. Ich kann es nicht lösen; meine Kraft reicht noch nicht. Ich muss wohl noch mal wiederkommen.

Ich werde verletzt auf der rechten Seite meiner Brust und sterbe mit den Fingerspitzen der rechten Hand in der blutigen Wunde. Das Karma ist wieder erfüllt.

Ich sterbe und lebe weiter. Wieder Angriffe, wieder Sterben.

Und beim Hinübergehen skandiere ich ganz dringend immer wieder hintereinander:

5B Bergen

5B Bergen

5B Bergen

„5B Bergen" ist ganz heiß. Wie der Schlüssel, um das Karma zu lösen. Ich kann es nicht vergessen, denn ich spreche es noch, als ich wach werde. Es folgt ein Tag mit Brummschädel und einem steifen Hals. Immer noch bin ich aufgewühlt von der mächtigen Emotion im Traum. Ratlosigkeit macht mich stumpf. Was bedeutet „5B Bergen"? Welche Handlung in der Realität braucht der Traum? Wie kann die Erlösung, die Heilung des Karmas geschehen? Was soll ich tun? Ich finde keine Richtung.

Zwei Tage später suche ich Davids Hilfe. Er assoziiert „Bergen-Belsen" – das Konzentrationslager. David liest mir meinen Traum noch einmal vor und wiederholt „5B Bergen" fest und rhythmisch. Dabei werde ich immer trauriger und fange schließlich an zu weinen. Meine Brust wird ganz eng. Ich denke an ein Konzentrationslager: dort ist mein Herz zugegangen. Ich weine und weine. Oh diese Qual: ich habe dort meinen Liebsten verloren. Vielleicht bin auch ich umgekommen, aber das ist nicht der Schmerz, der jetzt durch mich hindurchzieht. Es ist der Herzschmerz, dass mein Liebster umgekommen ist. Ich weine und weine.

Dann tritt erst einmal Ruhe ein. „5B Bergen" scheint genügend erforscht. Der Alltag fordert meine Aufmerksamkeit und für „Innenarbeiten" ist kein Raum. Das Schuljahr hat begonnen. Die ersten Wochen sind immer kostbare Lernzeit, in der Schüler wie Lehrer noch erholt von den großen Ferien sind. Mir ist es wichtig, voll konzentriert und fokussiert zu sein. Später mündet dieses produktive Arbeiten in die Vorweihnachtszeit, deren Energien sich nicht bändigen lassen. Jedes Jahr nahm ich mir vor, es ruhig und besinnlich anzugehen und die lichtvollen Stimmungen des Advents mit den Schülern zu genießen. Und jedes Jahr sahen wir uns alle in der Schule konfrontiert mit sich ständig steigernden Spannungen, die all unsere Geduld und einfühlsame Führungskraft erforderten.

Nach Weihnachten 1994 blättere ich für eine Art Jahresrückblick mein Tagebuch durch. Was war im zurückliegenden Jahr wichtig? Was hat mich aufgebaut – was erschüttert?

Erneut springt mich der 5B Bergen-Traum an. Ich stelle fest, dass ich ihn völlig falsch erinnere! Mein Gedächtnis hat einzig und allein das Stakkato „5B Bergen" aufbewahrt. Der Traum mit der Karma-Übermittlung ist vergessen. Will ich nicht oder kann ich nicht hingucken?

Am 30.12.1994 bitte ich in meiner Abendmeditation um Führung, was ich mit 5B Bergen tun soll. Eine Gedankenreise wird mir geschenkt:

Meine Hände „wandern", ich lasse sie frei, lenke sie nicht mit meinem Wollen. Vor meinem inneren Auge sehe ich: Aus einer Wunde am linken Unterarm fließt ganz viel Blut, das ich mit meiner rechten Hand auffangen muss. Jetzt schmerzt die Wunde in meiner rechten Brust. Ich lege die Fingerspitzen der rechten Hand hinein. Den linken Arm strecke ich aus, damit das Blut auf die Erde fließen kann. Es fließt viel Blut. Ich werde blasser, kraftloser und ich weiß, ich werde verbluten. Da ist nichts außer diesem Sich-Auflösen.

Plötzlich wandert mein linker Arm senkrecht in die Höhe! Das Blut läuft wieder in den Arm. Meine Finger verlassen die Brustwunde und halten jetzt die Wunde am Unterarm zu. Vor meiner Wunde in der Brust schwebt ein weißes Blatt Papier wie ein Schmetterling und heilt sie. Ich komme wieder zu Kräften.

Weil ich immer weiter die Wunde am Arm zuhalten muss, wickle ich einen Verband darüber. Das tue ich wirklich, nicht nur in Gedanken. Es fühlt sich genau richtig an.

In der Nacht löst sich der Fluorit aus meiner selbstgemachten Kraftkette. Der Fluor t lehrt uns, Verantwortung für unsere Gedanken und Taten zu übernehmen und er bringt geistige Erkenntnis in die körperliche Ebene. Welche Erkenntnis fehlt mir? Ich kann die Botschaft nicht verstehen. Ich träume von einer neuen Universität mit einem neuen Programm, doch die Wörter verlieren an Bedeutung und verkommen zu einem leeren Raster. Kommt ein neuer Lebensabschnitt mit einer neuen Zielrichtung auf mich zu? Verliere ich das „Programm" der „neuen Uni"? Reduziert es sich auf ein Raster?

Am nächsten Morgen fühle ich den Impuls zu malen (siehe Anhang). Es entsteht ein Bild zu den drei Inkarnationen mit den Brustverletzungen. Der sich selbst befreiende Prozess lässt mich in schnel er Folge drei weitere Bilder malen. Meine Gefühle toben dabei. Feuerfontänen gebären schwarzes Leid, ein Mandala-Kreis erfüllt mich mit tiefer Erhabenheit und die

Dringlichkeit der Energien lässt mich bang werden. Unheilvoll fühlt sich das Entstehen des Bildes zum Thema Liebe und Tod an. Rot und schwarz bedrücken meine Seele. Was wird werden mit 5B Bergen?

Dann treibt es mich zu tanzen (siehe Anhang). Ich reiße mir Schuhe und Strümpfe von den Füßen und lasse die Musik von Arvo Pärt in einer Endlosschleife immer wieder abspielen. Die Klänge tragen mich weg vom Denken; meine Intuition führt mich. Zu meiner Überraschung tanze ich nicht 5B Bergen, sondern die erste Inkarnation aus meinem Traum, in der ich das Karma erhalte. Verletzung. Schmerz. Entsetzen. Schrei. Aufbäumen gen Himmel und langsames Zu-Boden-Sinken. Bis meine Brustverletzung den Teppich berührt und mein Leben entweicht. Es schwebt über meinem Körper. Erlösung. Meine Hände heilen die Aura über meiner Brustverletzung; lange, intensiv. Ehrfurchtsvoll. In Ruhe sitze ich dann am Boden und spüre eine heilige Kraft in mir. Ich bin voll und leer zugleich. Ich nehme das Thema LIEBE – TOD an. Und ich bin bereit, weitere Führung zu empfangen ... wenn ich ein bisschen „verdaut" habe.

Ein Traum aus meiner Kindheit kommt mir in Erinnerung. Er wiederholte sich noch und noch:

Ich stehe auf einem Bahnhof. Mein Liebster fährt mit dem Zug in den Krieg. Schmerz zerreißt mich. LIEBE – TOD.

~~~

Ende Januar 1995 bin ich auf einem Workshop von Victoria Cresswell. Sie tanzt mit uns die „Fünf Rhythmen" von Gabrielle Roth, einer amerikanischen Meditations-Tänzerin. Wir dürfen uns aussuchen, mit welchem Körperteil wir uns befassen wollen. Zusammen mit einer Partnerin mache ich mich auf den Weg, mein Herz zu heilen, dieses „Sorgenkind", das besonders jetzt nach den 5B-Bergen-Erfahrungen erschüttert ist. Im Laufe dieser Seelenarbeit erfahre ich meine Herzkraft. Sie ist ganz stark. Und mein Herz öffnet sich – ohne Angst, voll Vertrauen. Vertrauen in die Kraft, die mich führt. Und in die eigene Herzkraftstärke. Nach all dem Leid und der Vernichtung ist es ein Aufatmen. Der Lichtschimmer am Horizont ist heller geworden.

~~~

Und dann beginnt die wichtigste und unglaublichste „Geschichte" meines Lebens. Über die freien Fastnachts-Tage 1995 fahren mein Mann und ich zu Chalis nach England, die ich in den Jahren 1988/89, gleich zu Beginn meines Lebens in Weiladingen, auf einem Märchen-Tanzseminar kennengelernt hatte und die mir zur Freundin wurde. Uns verband eine tiefe Zuneigung; wir nannten uns Seelenschwestern. Mit ihr zusammen lernte ich meine Träume zu lesen und mich meiner Intuition zu überlassen. Chalis hat heilende Hände. Es ist schwer zu beschreiben, was passierte, wenn wir zusammen waren. Hatte ich im Körper einen Schmerz oder eine Blockade, hielt sie ihre Hände in die Nähe der Stelle und gab ihren Willen ab. Die Hände führten Bewegungen aus, die eine Erleichterung verschafften. Manchmal musste sie zusätzlich Vokale tönen, sozusagen die unheile Stelle besingen. Das erschien uns alles sehr merkwürdig, aber wir hatten das Gefühl, es muss so sein. Und es tat gut, es heilte. Vorsichtshalber zogen wir bei diesen „Behandlungen" sorgfältig die Vorhänge zu, damit die Nachbarn nicht auf die Idee kamen, einen Irrenarzt zu rufen. Damals trafen wir uns wöchentlich und auch ich traute mich bald, für Chalis mit meinen Händen Gutes zu tun.

Wir vermissten uns sehr, als sie einige Jahre später nach England auswanderte.

Bei unserem Besuch in England sind wir beiden Frauen wieder einmal „zugange", d.h. wir behandeln unsere Blockaden, während David in meditativer Haltung still vor dem obligatorischen englischen Kamin sitzt. Auf dem Sims steht ein Portrait-Foto einer jungen indischen Frau in blauem Sari und mit einem roten Punkt auf der Stirn. Sie lächelt milde. Ich bin zu sehr mit Chalis beschäftigt, als dass ich dieser Szene Beachtung schenke. Später, als wir allein sind, sagt David, dass er diese Frau finden will. Er hat eine Botschaft von ihr empfangen, die ihn tief berührt. Zeitgleich erhält er eine Zeitschrift, in der diese indische Frau portraitiert ist. Man berichtet, dass sie in dem kleinen Dorf namens Thalheim in Deutschland lebe und außergewöhnliche Fähigkeiten habe.

Zurück in Deutschland wälzt David jedes Telefonbuch, das er bekommen kann, um dieses „Thalheim" zu finden und diese „Mother Meera", wie die Inderin genannt wird. Es gibt noch kein Internet und so gestaltet sich die Suche sehr mühsam. Aber David lässt nicht locker und durchforscht hunderte von Thalheims. Und tatsächlich wird er nach circa drei Monaten fündig, ruft dort an und bucht für uns zwei Darshan-Besuche. Was das ist, weiß ich nicht und kann mir das Wort auch kaum merken. Was wir dort sollen, weiß ich auch nicht. Aber inzwischen ist mir sein Drängen so suspekt, dass ich denke: da fahr ich mal lieber mit. Wer weiß, was dort passiert?! Kurz vorher treffe ich eine Freundin, die „in solchen Dingen" erfahren ist und deren Rat sich mir einprägt: Wenn du dorthin gehst, musst du alles vergessen, was du bisher wusstest. Das wird ja immer mysteriöser!

1. Mai 1995, ein kleines Haus mitten in Thalheim, alle Räume voller weißer Plastikstühle, in jeder Ecke, unter der Garderobe, vor der Toilette, auf der Treppe – überall sitzen und kauern Menschen. Große, dicke, dünne, kleine, alte, junge, mittlere – alles ist vertreten. Wo bin ich denn hier gelandet? Eine ältere Inderin zeigt uns „unseren" Platz: zwei Plastikstühle im Hauptraum, zweite Reihe rechts mit freiem Blick auf einen besonderen Stuhl, um den die Sitzplätze herum geordnet sind. Der Stuhl ist leer.

Pünktlich um neunzehn Uhr geht ein Raunen durch die Räume, Kleider rascheln, man steht auf und macht eine Gasse frei. Hände werden zum Gebet erhoben. Köpfe geneigt. „Du musst alles vergessen…" meldet mein Gedächtnis.

Dann kommt sie. Sie nimmt auf dem besonderen Stuhl Platz und im Nu bildet sich eine Schlange von knienden Menschen, die langsam zu ihr rutschen. Jeder, der vorne vor ihr ist, neigt kniend den Kopf, lässt sich an den

Schläfen eine Zeitlang berühren, schaut anschließend in diese indischen Augen und geht zurück zu seinem Sitzplatz. Ich bin mehr als erstaunt. Was soll das denn!? Es gibt keinen Zwang sich genauso zu verhalten, also beschließe ich, auf meinem Platz sitzen zu bleiben: „Ich knie mich doch nicht vor so eine wildfremde Frau!"

Alles geschieht in absoluter Stille. Kein Flüstern, kein Reden − nur das Rascheln von Stoff. Alles sehr merkwürdig. Aber eine sanfte Energie erfüllt vibrierend den Raum. Und mich. Sie öffnet mein Herz. Irgendwann sitze ich wieder auf meinem Platz. Ich bin vorne gewesen! Weiß nicht wie. Hatte es genauso gemacht wie die anderen, hatte mich berühren lassen und in ihre Augen geschaut. Und bin erschüttert: Noch nie hat mich jemand so ernst genommen - mich so in der Tiefe ernst genommen. Auf meinem Platz angekommen, habe ich zwei Antworten, obwohl ich keine Frage stellte: „Es gibt sie doch, die unendliche Liebe" und „Zuversicht"! Grenzenloses Staunen. „Du musst alles vergessen, was du bisher wusstest" − wie wahr!

Am folgenden Tag lese ich Mutter Meeras Buch „Antworten I" und merke erst einmal, bei wem ich angekommen bin: Sie sagt, sie bringe eine bestimmte Art des göttlichen Lichts zu uns Menschen. Göttliches Licht - ich bin ganz ergriffen. Und verschlinge das Buch an einem Tag. So viele Antworten auf so viele meiner Dauer-Fragen!

Dann ist wieder Darshan. Alles ist gleich: das alte Haus, die Plastikstühle, die vielen Menschen − nur ich bin es nicht. Mutter Meeras Energie pulsiert in meinen Körper und in mir brennt die Sehnsucht nach dieser unendlichen Liebe, die sie mir gestern als Antwort gab. Ich möchte so gerne liebevoller mit meinen Mitmenschen umgehen und nicht immer alles verurteilen oder besser wissen. Ich möchte meinen „Schwarzen" bändigen können zum „Herrscher der Tatkraft". Warum kann ich LIEBE nicht wirklich spüren?

Als ich bei der Mutter vorne bin, klacken Ihre Fingerkuppen an meinen Schädel. Jetzt weiß ich, dass sie in diesem Moment an einer Linie auf meinem Rücken sieht, wie weit ich in meiner spirituellen Entwicklung bin und wo sie mir helfen kann, indem sie Verknotungen auflöst. Dann blicken wir uns wieder an. Ihr linkes Auge zuckt kurz, was meine Aufmerksamkeit erhöht, und dann trifft mich ein unendlich ernster Blick. Er taucht mich ein in ein Durcheinander aus Dunkelheit und Wissen und Gnade und Rührung und Angst und Vertrauen und wieder Angst. Stundenlang weinen immer wieder Tränen aus meinen Augen: Sie hat mich ernst genommen! Es ist eine Beziehung entstanden. Ich bin in einen Weg hineingegangen, noch nicht ganz fest überzeugt, aber sie nimmt mich ernst! Ich erschaudere. Aber es ist gut so. Tief innen weiß ich, dass ich diesen Weg gehen will und muss. Mein Ego hat zwar Angst vor den möglichen Veränderungen, aber mein Herz „weiß".

Auf der Rückfahrt nach Weiladingen weint meine Seele leise. Sie ist nach Hause gekommen.

Mutter Meera – das ist wie GOTT. Wir waren bei GOTT. Und wir werden wieder hinfahren.

Zwei Wochen später beuteln mich unerwartete Schwierigkeiten. Selbst in der Meditation finde ich keine Ruhe. Ich möchte so gerne den Weg zu und mit Mutter Meera gehen, aber immer wieder handele ich ohne Liebe, bin besserwisserisch oder in meinem Urteil über andere zerstörerisch wie der Schwarze in meinem Märchen.

Ich schaffe es nicht, diese Gedanken still zu bekommen, dass Platz ist für GOTT. Da ist so ein großer Berg Unrat, den ich beseitigen muss! Es fällt mir schwer, liebevoll an Mutter Meera zu denken und SIE anzubeten. SIE erfüllt mein Herz mit mahnendem Ernst. So wie: in die Pflicht genommen. Aber mein Ego ist groß und wirbelt und macht und tut. Es stellt infrage, lehnt ab und versucht zu entwerten. Mir ist, als hätte SIE mich mit meinem eigentlichen Ich verbunden, würde es still betonen und warten bis sich mein Ego ausgewirbelt hat. SIE ist sehr geduldig.

Eine richtige Person anzubeten, fällt mir schwer. Dieser zarte, hübsche Körper ist so konkret, so irdisch – auch wenn in und um ihn göttliches Licht ist. SIE ließ mich wissen, dass es „unendliche Liebe" gibt und dass ich zuversichtlich sein darf. Aber nur sehr selten spüre ich Liebe wirklich. Das macht mich so unglücklich und ich fühle mich unwürdig.

„...und alle Arbeit ist leer, wenn die Liebe fehlt; und wenn ihr mit Liebe arbeitet, bindet ihr euch an euch selber und aneinander und an GOTT. Arbeit ist sichtbar gemachte Liebe." Das lese ich bei Khalil Gibran in seinem Buch „Der Prophet".

Ja doch! Ich weiß es. Aber…

~~~

Ende Mai fliege ich erneut zu meiner Seelenschwester nach England, diesmal ohne meinen Mann. Vielleicht könnte ich auch schreiben: ich FLIEHE. Raus aus dem Alltag! Chalis kann mein Herze-Leid verstehen. Bei ihr fühle ich mich geborgen. Lange Gespräche, viele Tassen Tee, Spaziergänge durch Buchenwälder voller blauer Campanula-Glockenblumen, Heilbehandlungen und das Miteinander-Sein pflegen meine Seele. Sie schenkt mir eine rosarote Blume für mein Herz, die immer noch in meinem Tagebuch wohnt.

Am 29.5.95 geschieht uns auf einem längeren Spaziergang Merkwürdiges. Es kommt mir vor, als löse sich die Jetzt-Zeit auf. Alle Zeiten existieren zugleich. Realität kippt. In mein Tagebuch schreibe ich:

Der Fels ruft mich. Zieht mein Herz an sich. Zieht sein Herz an mich. Öffnet es. Weit. Ergebenheit. GOTT. Im Stein. Und ich. Stein und ich sind eins. Positiv. Aber auch: Herz aus Stein. Liebe quillt. Tränen weinen. Ich gehe zu Chalis, umarme sie voll Liebeleidfreude. Ihr Körper an meinem ganz fest.

Liebe.

Konturen weichen, Zeit verliert sich, Dimensionen verschieben sich. Um uns ist ALL.

Hand. Sie nimmt meine Hand. Tränen quellen: Sie steht links von mir – wie im 5B-Bergen-Traum der Inkarnationen. Ich habe sie wiedergefunden. Ich habe sie wahrhaftig wiedergefunden. So viele Leben war ich ohne sie. Ich weine an ihrer Brust, bin das Kind, das seine Mutter wiederfindet. Löse mich auf in Tränen. Der Schmerz weht von weit, weit her durch endlose Zeiten zu mir herüber.

Das Finden ist Trost und Schmerz. Und Dank.

„Du kannst mich nicht wieder verlieren – nie mehr." Sagt sie. Aber warum waren wir so lange getrennt?

Wir stehen auf windigem Tafel-Fels. Wie Seherinnen. Sie summt ein Lied. Singt. Wieder fließen meine Tränen.

So waren wir: Zwei doch eins.

Sie die Starke, ich die Schwache.

Zwei doch eins.

Wir sitzen am Fluss. Mein Ich verschwimmt im Wasser. Wie die Regentropfen, wie meine Tränentropfen.

„Wir können uns nie wieder verlieren, weil wir eins sind. Getrennt und doch zusammen. Auch, wenn eins stirbt." Sagt sie.

Langsam wächst Trost über den Schmerz. Trost und Liebe, weite, weiche Liebe… so weit wie die Zeit der vielen Leben. Jetzt heißt sie grad „Chalis". Es ist ganz egal, wie sie aussieht. Es ist nicht ihr Körper, den ich liebe. Es ist das Andere. Das, was immer gleich bleibt durch all die Existenzen.

Ich bin bis ins Tiefste gerührt und so gottdankbar. Ich musste erst GOTT / Mutter Meera finden, bevor ich „Chalis" bewusst finden konnte. DANKE

Dann sind wir wieder bei ihr zuhause. Ganz konkret und „irdisch". Erschöpft liege ich auf dem Bett, will mich gewöhnen an all die neuen Dimensionen und zur Ruhe kommen.

Da „sehe" ich mich plötzlich nackt auf Chalis' Körper „reiten". Es ist nicht Liebe in diesem Bild. Es ist Macht und Unrecht. Ein Sieg über sie, der keiner ist. Und sie kann es geschehen lassen, weil sie es durchschaut und weiß, dass mein Macht-Gebaren sinnlos ist. War ich deswegen so viele Leben von ihr getrennt? Als Strafe? Als Raum/Zeit zum Lernen?

Dann ist mein „Urlaub" in England zu Ende. Die Flucht ist misslungen … ich habe mich und meine zu Machtmissbrauch neigende Vernichtungskraft dorthin mitgenommen. 5B-Bergen und alles, was damit zusammenhängt, drängt weiter auf Entschlüsselung und es gibt kein Entrinnen. Doch wie? Botschaften, Bilder und Symbole werden mir geschenkt, aber natürlich keine Bedienungsanleitung. Ich muss mir selbst „einen Reim darauf machen". Und so lebe ich, er-lebe ich die Tage, die da kommen. Kann Erkenntnisse sammeln, aber nicht forcieren, muss mich gedulden und achtsam sein. Meine größte Sorge ist, dass ich „etwas verpasse", dass ich den Sinn meines Lebens verfehle, meinen Auftrag nicht erfülle. Trost ist mir das Wissen: es ist gut für uns gesorgt. Es gibt eine ordnende Kraft, einen liebenden GOTT. „Es gibt sie doch, die unendliche Liebe. Zuversicht", weiß ich durch Mutter Meera.

~~~

Im August 1995 findet das Sommermodul der Awareness-Ausbildung von Soto G. Hofman in der Rhön statt. Es ist eine Ausbildung über zwei Jahre mit Elementen von Feldenkrais, Stockkampf, dem Bewegungsritual von Anna Halprin und Übungen in Meditation und Achtsamkeit, die ich begonnen habe, um mich auf ein alternatives, berufliches Standbein vorzubereiten. In den USA gehen die Lehrer an manchen Schulen nur noch bewaffnet zur Arbeit und bei uns an der Schule nehmen die Gewalttaten von Schülern auch deutlich zu. Ich will auf gar keinen Fall eines Tages mit einem Revolver in der Tasche zur Schule gehen. Dann wäre es mir lieber, die etwas brotlosen Aussichten einer Kursleiterin in Sachen Selbsterfahrung in Kauf zu nehmen.

In diesem Sommer 1995 muss ich die Ausbildungssequenz unterbrechen und für einige Tage nach Bremen fahren, denn meine Mutter feiert ihren siebzigsten Geburtstag. David holt mich in der Rhön ab und ist für einen Tag Gast bei der Ausbildung. Das ist ein Glück für mich, denn ich brauche seine Hilfe. Im letzten Modul hatte ich mich entschieden, die Stockkampf-Übungen nicht mehr mitzumachen. Es fühlt sich so widersinnig an, auf der einen Seite meine Sehnsucht nach Herzöffnung zu spüren, um meine Friedlichkeit zu erweitern und auf der anderen Seite Schläge mit dem Stock auszuteilen – egal wie diszipliniert und präzise ausgerichtet sie sind. Ich will nicht kämpfen. Mein Herz schreit vor Schmerz bei jedem Hieb, der laut durch den Raum hallt. Ein Gefühl aus Angst und Panik, gemischt mit tiefster Trauer quillt in mir. Es ist alt. Ganz alt. Vielleicht gehört es zu 5B Bergen.

Als ich jetzt wieder, diesmal mit David, am Rand sitze und dem Stockkampf zuschaue, steigen erneut Tränen hoch. Die Energie im Raum vibriert. Sie vibriert in jeder Zelle meines Körpers. Tränen fließen. Keine Chance, sie zu halten. „ES" weint aus mir heraus. David hilft mir mit Körperarbeit bis das Bild entsteht: Wir sind Frauen eines Stammes. Es ist Abend. Um ein Feuer herum haben wir einen Kreis gebildet.

Wir schlagen die Rhythmus-Folge mit Stöcken. Lange.

Alle Männer sind im Kampf getötet worden.

Wir schlagen die Rhythmus-Folge mit Stöcken.

LIEBE. WUT. VERZWEIFLUNG. TRAUER.

Wir peitschen den Rhythmus. Wir Frauen.

KRAFT entsteht, WEIBLICHE KRAFT.

Ich bin gleichzeitig die trauernde Frau und der sterbende Krieger. Thema: LIEBE und TOD. Da ist es wieder. Gut, dass David mich begleitet.

Auf dem Rückweg von Bremen fahren wir nach Bergen-Belsen. Mein Mann und ich. Wir übernachten unweit des ehemaligen Konzentrationslagers in unserem Busle, um früh morgens bei Tagesanbruch auf dem KZ-Gelände sein zu können. Schon auf der Fahrt zur Gedenkstätte stehe ich unter „Strom". Mein vorderer Mund ist beißend trocken, während hinten viel Speichel sitzt. Wir fahren durch den nahegelegenen Nato-Übungsplatz. Die Vernichtungskraft hat heutzutage ein verschleiertes Gesicht. Man nennt sie „Verteidigung"!

Zahlen und Abkürzungen begegnen uns und ich weiß: hier finde ich 5B Bergen.

In der Gedenkstätte „muss" ich barfuß gehen. Die Energie ist drückend und schwer, voll Trauer und grenzenlosem Leid. Nach wenigen Schritten zieht es mich auf die Mitte einer Wiese.

Ich knie nieder. Spüre.

Ich bin eins mit all den Opfern hier.

Es ist nicht mein Schicksal, aber ich bin Teil des Schicksals.

Ich bitte Mutter Meera um Licht und Liebe.

Dann bin ich eins mit den Tätern. Ihnen fehlte die Liebe am meisten. Ich versuche, sie ihnen zu schicken.

Mutter Meera hilf!

Bitte! Schick Licht, schick Licht, bitte schick Licht!

Es zieht mich zu verschiedenen Stellen des Geländes an ganz bestimmte Punkte, die ich erspüre, und lässt mich dort Bewegungen meines Körpers ausführen – ähnlich wie beim Butoh-Tanz. Immer wieder muss ich die Hände mit den Handflächen nach unten zu dieser gepeinigten Erde, die so entsetzliches Leid aushalten musste, ausbreiten und flüstern: „Schick Licht, schick Licht, bitte schick Licht!"

Meist habe ich die Augen geschlossen, so fällt es mir leichter, mich der Führung zu überlassen. Aber zwischendurch blinzle ich, um mich zu vergewissern, dass die Welt noch da ist, um sicherzustellen, dass niemand Fremdes mich beobachtet. Schick Licht, schick Licht, bitte schick Licht!

Es dauert lange.
Sehr lange.

Dann öffne ich die Augen und sehe einen Kreis im Gras. Schnell und energisch muss ich auf ihm entlanggehen. Muss ganz entschlossen Kraft und Stärke fühlen und nach außen schicken. Der Kreismitte zugewandt bleibe ich stehen und „sehe" das Feuer der Stammesfrauen. Da sind sie wieder. Ihre Kraft wächst aus dem Rhythmus der Stöcke. Alles ist eins.

> UND DIE LIEBE WIRD STÄRKER SEIN
> ALS ALLE MENSCHLICHE GEWALT

Ich sage es unter Tränen in alle Richtungen.

> UND DIE LIEBE WIRD STÄRKER SEIN
> ALS ALLE MENSCHLICHE GEWALT

Ich werde keinen StockKAMPF lernen. Es gibt schon zu viel Kampf und Gewalt.
Mutter Meera, bitte:
Schick Licht, schick Licht, bitte schick Licht!

Weiter gehe ich über das Gelände. Aus meinen Händen strömt Licht. Ich muss es überall verteilen: an jedem Massengrab, im Frauenlager, am Löschwasserbecken. Die Erde ist voller Leid und Tod. Ich muss ihr Licht schicken, muss helfen, sie zu heilen. Denn ihr Leid ist noch nicht beendet: nebenan spielt „Mann" im Namen der Nato Krieg.

Irgendwann spüre ich, dass es genug ist. Vielleicht ist auch nur meine Kraft und Konzentration zu Ende. Wie aus einer anderen Welt tauche ich ganz langsam auf. Mechanisch setze ich einen Fuß vor den anderen. Gut: ich kann noch gehen.

Wir betreten den Ausstellungsraum mit seinen großen Infotafeln. Mir schwinden fast die Sinne, so voller entsetzlicher Qual ist die Energie hier. Ich kann die Texte nicht lesen. Ich weiß, ich muss dieses Wissen nicht wissen. Mein Anliegen gehört zu einer anderen Ebene. Ich suche nur eins auf den Tafeln: 5B. Gibt es ein 5B?

Ein Foto zeigt Frauen mit Tafeln, auf denen ihre Nummer steht: z.B. XII C. Wenn es 12C gibt, gibt es auch 5B. Kurz bevor wir den Raum verlassen, fällt mein Blick auf eine Tafel ganz im Eck: 5B. Nun kann ich gehen. Der Mann an der Kasse fotokopiert mir eine Karte der Kriegsgefangenen-Lager. 5B ist die Stadt Schwellingen in unserer unmittelbaren Nachbarschaft! Es schreibt sich mit der römischen Zahl für 5: V, also: VB. Die Initialen meines damaligen Nachnamens sind: VB

Zufall?

Noch ganz benommen von diesem Erlebnis versuche ich mich wieder in die Ausbildungsgruppe von Soto G. Hofman zu fügen. Dort ist man dabei, eigene Choreografien zu erarbeiten. Ich nehme die Zeichnung „Die Liebe wird stärker sein" mit. Sie entstand nach dem Konzentrationslager-Besuch und wird nun Thema meiner Choreografie für eine Kursteilnehmerin. Es ist die schwierigste Teilnehmerin der Gruppe, die das Schicksal mir da zugeteilt hat. Später kann ich erkennen, dass es so sein musste. Ich hatte etwas zu überwinden mit ihr/durch sie. Der Kurs-Auftrag für mich ist: entwerfe ein Stück und bringe es mit der Teilnehmerin auf die Bühne. Ihr Auftrag ist: setze die Ideen und Anweisungen der Choreografin um. Mit den Begriffen meines „Märchens" gesagt: ich soll Herrscher sein und sie Schmetterlingsfee. Für uns beide DIE Herausforderung! Sie hat einen sehr starken eigenen Herrscher, den sie im Zaum halten soll und ich bemühe mich, dass aus meinem Herrscher nicht „der Schwarze" wird, der sie vernichtet. Noch heute klingt mir Sotos Satz im Ohr, den er mir nach der Aufführung zuflüsterte: „You did a good work." Ich habe meine Vernichtungskraft zum ersten Mal bewusst besiegt!

UND DIE LIEBE WIRD STÄRKER SEIN
ALS ALLE MENSCHLICHE GEWALT

Mit diesem Satz als Krönung endet mein Stück auf der Bühne. Hoffnung keimt in mir.

Dann kommt Kali in einer Tanz-Sequenz bei Soto zu mir. Kali, die Göttin des Todes und der Zerstörung, aber auch der Erneuerung. Ihr Mund ist lasziv halb geöffnet und aus dem Schwarz der Mundhöhle hängt eine lange spitze Zunge. Vernichtung und Wollust strahlt sie aus. Mein „braves Mädchen" ist erschüttert, meine Zerstörungskraft frohlockt.
Wenig später werde ich in einem Traum zur Kali. Ihre Energie zerreißt mir fast den Brustraum und es zieht

meinen Körper in die seltsamsten Positionen. Sie schickt mir eine Botschaft:

> IN JEDER ZELLE
> SITZT DIE MÖGLICHKEIT ZU
> VERNICHTUNG & LIEBE
> IN JEDER ZELLE

In jeder Zelle 5B Bergen und unendliche Liebe!
Als Möglichkeit.
Plötzlich weiß ich: Das KZ ist in mir.
Und bin erschüttert.

Ein Traum wie eine Prognose gibt mir Rätsel auf:

David, ich und ein anderer Mann sind in einer Landschaft. Plötzlich erscheint ein Tiger. Wir sind alle sehr erschrocken. David versucht, den Tiger einzuzingeln. Ich weiche rückwärts vor dem Tiger zurück. Der andere Mann macht sich ganz gerade und wird sehr präsent. Er geht achtsam ein Stück auf den Tiger zu und dann MIT dem Tiger. Er hat eine Art Kraftfeld um sich. Dann geht der Tiger seines Weges und zu mir kommt der Satz:

> *WENN DU ERKENNST*
> *DASS DAS BÖSE IM AUGE DES TIGERS*
> *DEIN EIGENER SCHMERZ IST*
> *(DEINE EIGENE TAT IST)*
> *DAS IST DAS ENDE DES 3. WELTKRIEGS*

Der 3. Weltkrieg ist in mir? Das Böse im Anderen ist meine eigene Tat, mein eigener Schmerz? Viele Jahre brauche ich, um diese Botschaft annähernd zu verstehen.

Träume, Ereignisse und Lebensgeschichte kamen in meinem damaligen Alltag nicht so wohl sortiert daher. Alles war ineinander verwoben und die Themen wechselten hin und her. Vor lauter aufwühlenden Schreckensbildern und in der überbordenden Fülle der Traumbotschaften, die ich hier gar nicht alle wiedergeben kann und will, verlor ich der Überblick. Zu stark tobten meine Gefühle, zu sehr war ich entsetzt, was da aus mir herausquoll, als dass ich einen roten Faden finden konnte. Mir fehlte der Schritt in die Distanz, um Überschaubarkeit zu erreichen. Erst nach mühsamem Ringen kann ich heute beim Schreiben dieses Manuskripts die ineinander verschlungenen Themen entflechten und die Struktur meines Werdens erkennen.

Welches ist der Ausgangspunkt? Ich stoße auf eine Verhaltensweise bei mir, die verhindert, dass ich friedliche Freundschaften leben kann. Die Rückmeldungen der Personen gehen alle in dieselbe Richtung: ich lasse nur meine Meinung gelten und bin von ihrer Richtigkeit felsenfest überzeugt. Dementsprechend kann ich viele meiner Mitmenschen nicht so annehmen, wie sie sind, bin besserwisserisch und im schlimmsten Fall verletzend. In meinen Träumen wird mir gezeigt, dass meine männliche Seite in die Übermacht gegangen ist und zur Vernichtungskraft wurde. Meine weibliche Seite kann sich kaum noch einbringen, die Balance zwischen beiden ist gestört. Aus weiteren Botschaften und Erkenntnissen entnehme ich, dass es zwei Quellen für mein Verhalten gibt. Da wird einmal beleuchtet, dass ich damit das Erbe meines Vaters antrete. Er hat mich streng erzogen und ich, das Einzelkind, musste gelingen, musste seine Regeln einhalten. Ich übernahm sie unbewusst, denn sie waren für mich als Kind Gesetz. Als Erwachsene hielt ich sie für das Normale und lebte sie.

Die zweite Quelle erschüttert mich mehr. Da taucht im Traum ein Karma auf, das sich in dem schlimmsten Verhalten, was Menschen ihren Mitmenschen antun können, ausdrückt: KZ. Das geht in seiner Zerstörungskraft weit über das bloße Ungleichgewicht von yin und yang hinaus. Da eskaliert das zerstörerische Machtgebaren völlig.

Und der Gipfel: Das KZ ist in mir.

Welch Abgrund! Eine leise Stimme in mir protestiert: aber ich hab doch bloß... Ist meine Besserwisserei wirklich so schlimm, dass sie mit einem KZ verglichen werden muss? Ist es ein so großes Vergehen, wenn ich andere Menschen missachte in ihrem So-Sein? „Was ihr einem meiner geringsten Brüder getan habt, das habt ihr mir getan." Ich verletze die Christus-Liebe.

Auf der spirituellen Ebene ist jeder Schmerz eine Verletzung, auch der „kleine". In der Einheit, bei GOTT, wird nicht unterschieden zwischen „nicht so schlimm" und „sehr schlimm". Diese Unterscheidung ist Menschen-Maß. Aber es wäre nicht „von GOTT", würde nicht gleichzeitig in dem Dilemma, in meinem Irr-Weg, Seine Liebe zu erkennen sein. Beim Sammeln und Ordnen der Tagebucheinträge finde ich Hinweise zur

Auflösung meiner Vernichtungskraft. Ein Weg der Liebe öffnet sich mir. Mutter Meeras Zusicherung, dass es die unendliche Liebe tatsächlich gibt – auch für mich - begleitet mich sanft auf diesem Weg. Wie hieß es? „Die Liebe wird stärker sein als alle menschliche Gewalt". Eine beruhigende Zielangabe.

Der Weg der Liebe beginnt für mich mit einem Traum aus drei Teilen:

Ich verlasse das alte Bergdorf und steige einen steilen Hang hinauf. Hier scheint die Sonne auf leuchtend grüne Wiesen. Aber ich muss umkehren und unten in eine Stadt gehen. Durch ein Kellerfenster sehe ich einen Raum wie eine Börse. Jemand hat sich zwischen all die feinen Geschäftsleute erbrochen. Eine Frau wischt auf.

An einer Kreuzung kommt mir jemand mit einer dicken Spritzpistole entgegen. Er spritzt Erbrochenes auf uns. Wir passen auf, dass er uns nicht trifft.

Dann sehen wir alte Studienkollegen wieder. Einer von ihnen redet irre Sätze und erbricht sich andauernd. Wir müssen ihn steuern, dass er uns nicht beschmutzt und sich nicht an Stellen erbricht, wo es störend ist. Wir haben Mitleid mit ihm.

Was hat es mit dem Erbrochenen auf sich? Auf der Körperebene findet durch Erbrechen Reinigung und Gesundung statt! Muss ich „auskotzen", was mich unzufrieden und duster macht? Was meine

69

Vernichtungskraft schürt? Zu diesen Fragen finde ich zunächst keine Antworten und muss mich in Geduld üben.

~~~

Wir fahren zum Weihnachts-Darshan bei Mutter Meera. Immer ist es nicht nur Weihnachten sondern auch Mutters Geburtstag! Kaum jemand will darauf verzichten, Ihr still zu gratulieren. Und so wird es immer eine Mammut-Veranstaltung mit circa fünfhundert Leuten. Obwohl Mutter Meera ein neues, größeres Haus erworben hat, in dem sie Darshan gibt, reicht der Platz kaum aus. Viele Nebenräume werden mitbenutzt und damit jeder die Mutter wenigstens für eine Weile sehen kann, führt man von Zeit zu Zeit die Sitzreihen aus den Nebenräumen zu Ihr in den Hauptraum und umgekehrt. Das bringt Unruhe mit sich und die von mir so geliebte Stille will sich nicht ausbreiten. Mutter hat außerdem für alle(!) süße Nusskugeln geformt und Saft bereitgestellt, die während des Darshans verzehrt werden dürfen. Das Rascheln nimmt kein Ende.

In unserem ersten Darshan geschieht ein kleines Wunder. Die Vorweihnachtszeit in der Schule hat wie üblich all meine Kraft verzehrt und zudem hocke ich seelisch in einem tiefen Loch. Ich bin verzweifelt, dass so viele unserer Schüler weder Grenzen noch Werte kennen. Inzwischen werden sogar Grundschüler extrem auffällig. Ich kann das nicht ertragen. GOTT, hat das einen Sinn? Kraftlos und müde reihe ich mich in die

Warteschlange ein. Rutsche zu Ihr, knie mich zu Ihren Füßen. Und in der Sekunde, als Ihre Fingerkuppen meine Schläfen berühren, ist wieder Licht in mir! Wie macht SIE das nur?

Im zweiten Darshan werden rund um mich herum die Personen ausgewechselt, nur ich darf die ganze Zeit in der ersten Reihe sitzen bleiben. Das tut mir gut.

Am nächsten Darshan-Abend fließt alles ineinander. Eine Frau wird ohnmächtig und erbricht sich – und der Darshan geht weiter. Alle halbe Stunde rollieren die Teilnehmer von innen nach außen – und der Darshan geht weiter. Immer wieder zieht der Geruch des Erbrochenen durch den Raum – und der Darshan geht weiter. Unbeirrbar schenkt uns Mutter das Licht. Alles ist. Es ist keine besondere Situation, es ist Leben. Da ist keine Trennung zwischen Leben und Darshan. Der Frau wird geholfen, das Erbrochene aufgewischt, ein Arzt kommt. Leben im Darshan - Darshan im Leben. Vielleicht sollte es auch in meinem Alltag mehr „Darshan" geben. Nicht als separate Meditationszeit, sondern als das Leben von Heiligkeit.

Erst in der Nachbesinnung fällt mir auf, dass die Frau, die sich im Darshan erbrochen hat, die Fortsetzung meiner Träume ist. „Zufällig" saß ich in der Warteschlange an einer Stelle, wo ich die Frau sehen konnte. „Zufällig" berührt mich die Situation so, dass ich Tücher aus der Küche holen will zum Aufwischen. „Zufällig" rieche ich das Erbrochene während des ganzen Darshans und David nicht. Zufall?

Die ohnmächtige Frau erbricht sich im Darshan. Sie ist ohne Macht und sie übergibt sich. Ein doppeltes Bild für Hingabe? Der Duden weiß: „sich übergeben" ist „darbringen". Erbrochenes ... sich erbrechen ... **sich übergeben** ... sich Gott übergeben ... **Hingabe.** Da ist es wieder, das Thema, das ich gern verschiebe!

Die drei Traum-Sequenzen lesen sich jetzt so:

Im ersten Traum sehe ich „Hingabe/sich übergeben", gehe aber lieber weiter. Im zweiten Bild erkenne ich meine Zuständigkeit, aber ich weiche der Hingabe/dem Sich-Übergeben aus. Und schließlich im dritten Traumteil steuere ich die Hingabe/das Sich-Übergeben, weil ich sie als störend empfinde.

Aber im Darshan hatte alles Platz; das Leben ging normal weiter. Hingabe war Teil des Lebens. Keine Störung.

Die Frau im Darshan wurde ohnmächtig.

„Ohne Macht" – das ist mein wunder Punkt. Mein Ego wertet „Hingabe" und „Vertrauen" als Machtlosigkeit, als Verlust der Selbstbestimmung und als Niederlage. Es kann selbst GOTT die Führungsrolle nicht zugestehen. Voll Widerstand tobt es: ich will nicht! Mein Ego fühlt sich bedroht. Eine Bedrohung weckt Angst. Auf Angst reagiert mein Ego mit Aktionismus. Es will handeln und tun, will „in den Griff kriegen". Es beansprucht die Alleinherrscher-Position. ICH! Da ist kein Raum für GOTT, schon gar nicht als Führungs-Instanz. Da herrscht der „Schwarze" und auch die Schmetterlingsfee hat nichts zu melden.

Bin ich jedoch in „GOTTES Raum" (der Darshan-Raum als Symbol), dürfen Hingabe (Erbrechen) und Ohnmacht geschehen. Ohne Drama, ohne Angst und anschließender Vernichtung, sondern als normaler Teil des Lebens. Und ich weiß: Hingabe geschieht durch liebevolle Behutsamkeit, durch Zurücknahme des Egos, durch Bescheidenheit und Annehmen. Es ist eine Art „Keuschheit", die nichts mit Moral zu tun hat. Hingabe ist etwas ganz Zartes, Liebevolles, Gebendes. Sie kann meine Zerstörungskraft entmachten. Doch wie verwirkliche ich sie in meinem Alltag? Ich, die ich so ganz anders bin?

Hingabe – ein langer Lernweg liegt vor mir.

Dann zeigt sich in einem Traum eine weitere Möglichkeit für die Überwindung meiner Vernichtungskraft.

Während eines Workshops bin ich in e nem anderen Bewusstseinszustand. Ich bin mein Gehirn und alle meine Zellen. Ich kann meine Gedanken physisch in meinen Zellen spüren und auch das, was gesagt wird.

Ich erkenne: Wenn meine Zellen durch meine Gedanken beeinflusst werden können, dann sind sie programmierbar! Das Programm kann heißen „Vernichtung" oder „Liebe", so wie es mir der „Kali-Traum" vom August 1995 gezeigt hat.

Und: Ich lese bei Thich Nhat Than: „Wir können uns aussuchen, welche Samen wir in uns bewässern, die der Liebe oder die des Hasses."

Und: Der Japaner Masaru Emoto konnte nachweisen, dass Wasser Informationen aufnimmt. Je nach Qualität der Information (z.B. „Liebe" oder „Krieg") blühen die Wasser-Eis-Kristalle auf oder sie werden zerstört. Der menschliche Körper besteht zu circa 70% aus Wasser! Wir können seiner Struktur Liebe zufügen oder Krieg.

Nun macht mir auch Sinn, warum Mutter Meera empfiehlt, Japa zu machen. Japa ist die (gedankliche) Wiederholung eines heiligen Namens. Der Rosenkranz, bei dem jede Perle ein Gebet ist, wirkt genauso. Ich erinnere mich an die türkischen Männer, die fortwährend eine Perlenkette in der Hand kreisen lassen. Und ich lese vom Herzensgebet eines russischen Pilgers, der ein Jesus-Gebet endlos wiederholt. Alles dient der Programmierung unserer Zellen! Dient unserem Weg zum inneren Frieden.

Diese beiden Empfehlungen, Hingabe im Alltag zu leben und mich mit Hilfe von Japa auf „Liebe" zu programmieren, formen die Grundhaltung, auf der weitere Schritte zur Auflösung der Vernichtungskraft in mir geschehen können.
Und wieder wird mir ein Traum geschenkt, der mir auf diesem Weg weiterhilft.

Ich bin mit mehreren Personen zusammen, die ich nicht kenne. Ich sehe eine grüne Landzunge, auf deren Spitze mein Ziel ist, mein Lebens- oder Entwicklungsziel. Dorthin möchte ich. Es ist der Inbegriff der Freiheit und Weite. Aber dort, wo ich jetzt langgehe, ragt ein riesiger Betonmischer schräg in die Luft. Er ist der Inbegriff des Plattmachenden, der Schwere. Ich habe Angst meinen Weg fortzusetzen, denn er führt unter dem Betonmischer hindurch. Ich befürchte, dass dieser auf mich herunterfällt und mich erdrückt und ich bleibe an seinem Rand stehen. Da bringt ein Mann einen Fragebogen, den ich beantworten soll. Je nach meiner Antwort gibt es einen Lösungsbuchstaben und alle Buchstaben zusammen bilden ein Lösungswort. Ich weiß, dass ich nicht alle Fragen beantworten kann, weil ich ja keine Zeitung lese. Der Mann geht mit mir die Fragen durch. Kurz vorm Ende stoppe ich ihn, denn ich weiß das Lösungswort: Holotrcpes Atmen! Ich soll Holotropes Atmen machen!

Aufgewühlt erwache ich. Muss ich jetzt „schnaufen"? Was würde mich dort erwarten?
(„Holotropes Atmen" siehe Anhang)

Einige Tage später träume ich die Fortsetzung:

Ich muss durch das Tal gehen! Dort ist es ganz dunkel. Ich sehe gar nichts, aber es ist nicht bedrohlich. Es ist. In dem Schwarz ist alles enthalten: alles Leben, alle Erfahrung, alles Handeln. Ich brauche nur an einer Stelle zu atmen und eine Szene aus dem „Alles" wird angeknipst. Das scheint ganz einfach.

Ich erkenne, dass der Ausweg aus meiner Vernichtungskraft durch das Dunkle in mir führt. Der Weg führt durchs „Tal", aus dessen Schwarz mir Erfahrungen gezeigt werden, die ich bearbeiten soll. Mein innerer Friede kann erst entstehen, wenn ich alles, woran ich mich reibe, alles, was meine Vernichtungskraft schürt, erforsche und verstehe. Dann erreiche ich mein Entwicklungsziel „auf der grünen Landzunge", die Balance zwischen meiner Schmetterlingsfee und meinem

Herrscher der Tatkraft. Vielleicht kann sich so auch das Karma aus dem 5B Bergen-Traum lösen.

Ein Alltags-Erlebnis schickt mich in diesen Weg hinein: An einem gewöhnlichen Tag kann ich die Vernichtungskraft in mir ganz genau spüren. Ich bin wie zwei Personen: die eine beobachtet haargenau, wie die andere giftig ist. David kann an diesem Tag kein einziges Wort sagen, ohne dass ich ihn am liebsten in der Luft zerreißen würde. Ich bin sehr entsetzt über mich, über meinen Vernichtungs-Teil und bremse ihn so gut es geht. Das kostet viel Kraft und macht mich ganz müde. Es gibt gar keinen Grund für meine Vernichtung. Es ist wie ein anderes Ich, das versucht Herrschaft zu erlangen. Es tobt in mir.

Doch ich bin auch froh, diese Kraft einmal so isoliert zu erleben. Bisher konnte ich ihr Wirken nur aus der Reaktion meiner Mitmenschen nachträglich erschließen. Woher? Woher kommt sie? Aus einer anderen Inkarnation? Aus meiner Kindheit? Wie kann ich ihren Ursprung erkennen?

Ich erzähle David von meiner Pein. Auch er ist ratlos. Aber er hat die Idee Sai Baba um Hilfe zu bitten und holt das Buch „Sai Baba spricht über Beziehungen" aus dem Regal. Nachdem wir uns mit Sai Baba gedanklich verbunden haben, schlägt David „irgendeine" Seite des Buches auf: Seite 363. Dort steht zu meinem Erstaunen tatsächlich eine Antwort für mich:

„Selbsthass: (...) Viele Menschen hassen sich, weil sie sich nicht eingestehen wollen, dass sie jemand anderen

hassen. Und dieser Andere ist in den meisten Fällen ein Elternteil oder es betrifft beide Eltern. Nimm deshalb diesen Hass ernst. Schieb ihn nicht zur Seite. Verdränge ihn nicht. Verdrängung ist der Anfang vie er Übel. Dazu kannst du nicht in der Wahrheit sein, wenn du verdrängst. Die Wahrheit sind deine Gefühle, die in deinem Inneren rumoren und dein Handeln bestimmen.
Hast du Wut in dir, nimm sie ernst. Übergehst du sie, kannst du krank werden – oder, was auf Ähnliches hinauskommt, du wirst schein-heilig. Ich meine damit die Menschen, die immer soo nett, soo freundlich, so selbstlos sind. Im Kontakt mit ihnen spürst du aber stets ein Unbehagen, weil du das Gefühl hast, dass irgendetwas nicht stimmt. Und was nicht stimmt, ist die Wut, die sie ständig zu übergehen versuchen."

Etwas in mir stimmt zu, weiß, dass dies eine passende Antwort für mich ist. Etwas Anderes sucht nach dem Gefühl „Hass" in mir und kann es nicht finden. Hasse ich meinen Vater? Heimlich? Ich kann es nicht spüren.
Aber das Wort „schein-heilig" berührt mich.
Bin ich schein-heilig?
Aus dem Alltag kenne ich Situationen, wo ich nett und freundlich bin, obwohl ich voller Aggressionen stecke, die ich verdränge. Das Fatale ist, dass sie sich an anderer Stelle völlig überraschend entladen können. Und niemand – mich eingeschlossen - weiß dann, wieso ich so aggressiv bin. In meiner ersten Ehe war dieses Muster eine durchgängige Struktur, die schier unlösbare Probleme verursachte. Ich sammelte und sammelte und wahrte den Schein, bis das Fass überlief. Dann war die

„Flut" so mächtig, dass wir die Ursachen nicht mehr erkennen konnten. Also auch keine Lösung fanden.

In meiner Ehe mit David begünstigen unsere Nähe zueinander und unser Vertrauen ineinander, dass ich meine Sorgen und meine Kritik sofort ansprechen kann und nichts ansammle. Aber offenbar nur in dieser Beziehung, sonst würden mich ja meine Stimmungen und Traumbotschaften nicht so häufig auf diese Schwäche hinweisen. Ich scheine nicht so freundlich zu sein, wie ich mich selbst sehe und andere mich erleben. Aber einen „Hass" kann ich nicht fühlen. Eine schwere Traurigkeit, deren Ursprung ich nicht weiß, liegt lastend unter all meiner Fröhlichkeit. Das wohl.

Ich kenne auch diese aggressive Vernichtungskraft, mit der ich mich größer machen möchte – aber Hass? Oder hat man mir dieses Wort wegsozialisiert? Gibt es ein heftiges Gefühl der Ablehnung in mir und ich nenne es nur nicht „Hass", weil es zumindest in meiner Erziehung ein Un-Wort war? Ich weiß es nicht.

Das heftige Gefühl der Ablehnung jedenfalls richtet sich gegen meinen Vater und seine „Schweige-Strafe", richtet sich gegen seine Vorschriften und Normen in meiner Erziehung.

In der Abendmeditation des Tages, an dem David die Antwort von Sai Baba bekam, verwandelt sich der Begriff „Vernichtung" in „Verletzung", in die Opfer-Seite der Vernichtung. Auf dem Foto von Mutter Meera auf unserem Altar erscheint unten links ein blaues, stark neonfarbenes Licht. Ich kenne diese Farbe: Phyllis Krystal, eine jungianische Psychotherapeutin, arbeitet bei ihren Ablöseritualen zur Heilung von abhängig machenden Bindungen mit einer liegenden Acht in Neon-blau. Dieses Ritual hat sie von Sai Baba übermittelt bekommen. Ich werte die Vision der Lichter als Aufforderung, eine Ablösung zu machen. Von meinem Vater.

Die Kraft und Intensität, die jene Ablöserituale auslösen, kann in Worten gar nicht so recht zum Ausdruck kommen. Die Visualisierungen, die in dessen Verlauf entstehen, sind ganz individuell und wirken auf der seelischen Ebene weit über die agierende Person hinaus. Dokumentiert sind Fälle, wo sie zur Folge hatten, dass Menschen, die seit Jahren im Streit getrennt waren, plötzlich wieder zueinander fanden, wenn einer der beiden das Ablöseritual machte. Der Ritual-Schritt der Vergebung erlöst alte Negativ-Bindungen und es ist oft genug der „Andere", der die Ablösung NICHT machte, der den Kontakt wieder herstellt!

Es schmerzt mich sehr, die Negativ-Bindung zu meinem Vater ehrlich anzuschauen: er hat mich oft klein gemacht, ließ mir wenig eigenen Spielraum. Auch er war ein Vernichter.
Noch am selben Abend (David ist in die USA geflogen) werde ich krank: Gliederschmerzen und Schüttelfrost. Ich will nur noch ins Bett. Ein heftiges Schluchzen reißt sich von irgendwoher aus meiner Brust. Es quält und schüttelt mich. Was ist los mit mir? Am nächsten Tag will ich eigentlich eine Mutproben-Wanderung mit mir allein machen: vier Tage mit Rucksack und Zelt auf dem Alb-

Nordrand-Wanderweg. Doch ich habe morgens immer noch 39.1°Fieber. Es haut mich um. Ständig schlafe ich ein. In meinem Kopf ist kein Gedanke mehr, nur Brei und Müdigkeit. Ich bin so aus der Bahn geworfen, wie damals, als ich David kennenlernte. Damals fing ein anderes Leben für mich an.

Ich frage meinen Körper, was er mir sagen will. Die Schmerzen sind überall in meinen Knochen. Meine Knochen sind mein Halt. Der Prozess, der ansteht, wird meinen innersten Halt erschüttern. Mutter Meera, bitte beschütze mich! Da ist Gift in meinen Knochen, ich sitze im Gift. Der Schmerz macht mich weinerlich, löchert meine Abwehr, lässt meine Stärke schwinden. Ich weiß, es muss so sein. Ich muss weichgekocht werden, damit ich Neues zulassen kann. Vielleicht kommen diese Beschwerden von Mutter Meera? Vor zwei Wochen auf dem Rückweg vom Darshan waren sie schon einmal da. Allerdings nicht so umfassend und ohne Fieber. Heute sind sie heftig und entschlossen zu bleiben, bis ich mich ganz auf sie einlasse.

Die folgende Nacht ist lehrreich. Sobald ich im Bett liege, kreischt der Schmerz in mir. Er ist nicht zu beruhigen. Ich muss mich trennen von ihm. Da liegt mein Körper und hier, etwas oberhalb des Bettes, bin ich. Ich blicke auf meinen Körper hinunter. Es ist ganz eigenartig: ich lächle dankbar trotz der Qual. Es sind zwei Ebenen.

Und plötzlich weiß ich:

ICH BIN NICHT MEIN KÖRPER.

Welch Erkenntnis!

Mein Schmerz ist alt. Alt wie die Vernichtungskraft. Sie gehören zusammen, die Zwei. Ich kenne sie von weither.

Wenn du erkennst, dass das Böse im Auge des Tigers
(die Vernichtungskraft!)
dein eigener Schmerz ist,
das ist das Ende des 3. Weltkriegs.

Schmerz und Vernichtungskraft sind eins.
Die Vernichtung ist die männliche Seite, die Verletzung/der Schmerz die weibliche.

Seit meiner Jugendzeit begleitet mich ein Bild, das ich als Kopie bei einem Klassenausflug in Worpswede, einem Künstlerdorf bei Bremen, kaufte. Es wurde gemalt von Heinrich Vogeler und heißt „Mädchen mit Katze". Zu sehen ist ein Mädchen mit unendlich traurigen Augen. Es hält ein Kätzchen an den Vorderpfoten so hoch, dass man dessen verletzlichen Bauch sieht. Nie wusste ich, warum ich dieses Bild unbedingt bei mir haben wollte. Jetzt weiß ich! Das Mädchen mit Katze bin ich. Im Schwäbischen gibt es die Redewendung: "Wie's Kätzle am Bauch". Man sagt sie, wenn es jemandem nicht gut geht, wenn jemand ganz wund und verletzlich ist. Wie's Kätzle am Bauch – das bin ich. Das ist meine verletzliche Seite, die ich nie gelebt habe. Meine „starke" Seite hat sie unterdrückt, nicht zugelassen. Nun darf sie da sein. Darf mich „bewegen", mich „schmerzen".

Als die Krankheit abgeklungen ist, versuche ich die Ablösung von meinem Vater zu beginnen, aber es gelingt mir nicht. Die „Vernichtungs-Energie", in die ich mich bei diesem Vorhaben einfühlen müsste, ist mir im Moment nicht willkommen. Sie ist sozusagen das Gegenteil

81

meiner Verletzlichkeit, des Schmerzes. Ich will diese neue Qualität nicht schon wieder wegschieben sondern genauer erspüren und kennenlernen. Die Ablösung muss noch warten.

In meinem Wund-Sein taucht ein neuer Aspekt meiner Beziehung zu meinem Vater auf:
Ich habe Angst vor ihm. Das konnte ich bisher noch nie zulassen. Ich habe Angst vor seinem Schweigen. Wochenlang konnte er es durchhalten, kein Wort mit meiner Mutter und mir zu reden, wenn wir etwas falsch gemacht hatten. Oft wussten wir nicht einmal, was ihm missfiel.
Da ist die Angst, doch wo ist der Hass, von dem Sai Baba spricht? Ich fühle ihn nicht.
Ich erinnere mich an das, was ein Tanzstundenfreund damals zu mir sagte: „Wenn du einen Bruder hättest, würde dein Vater sich so ein Verhalten nicht erlauben können. Kein Mann würde sich das gefallen lassen."
Weder meine Mutter noch ich sind je auf die Idee gekommen, meinen Vater in seine Schranken zu weisen.
Im Stillen probiere ich aus, was „mein Bruder" wohl zu meinem Vater gesagt hätte. Da kommt der Hass langsam näher. Und am nächsten Morgen weiß ich: heute ist der Hass dran. Ich fühle mich nervös und etwas unsicher wie vor einer Prüfung. Hoffentlich wird mein Ego kein Theater spielen! Ich hole meine Zeugen und Helfer: Mutter Meera, das Mädchen mit Katze und Sai Baba. Ein Foto meines Vaters lege ich vor mich hin und bitte Mutter Meera und Sai Baba, mich zu führen. Ich vertraue mich ihnen an.

Es folgen eineinhalb Stunden, in denen verschiedene Gefühlswellen mich treiben Verzweiflung; Wut; Unverständnis; Hass. Da ist er! Manchmal schlage ich auf das Foto meines Vaters ein. Ich erfahre, dass all die Vernichtungskraft, die ich auf meine Mitmenschen verteile, hierher zu ihm gehört. Hier ist sie angebracht, als Antwort auf sein zerstörerisches Verhalten. Ihn meine ich eigentlich. Ich beschließe, ihm meine eigene Vernichtungskraft, jedes Mal, wenn sie auftaucht, mit einem rosa Schleifenband zu schicken: „Ich will sie nicht haben. Nimm du sie".

Nun bin ich bereit und beginne mit dem Ablöseritual, denn jetzt ist es innen stimmig. Nach diesem Beschluss sitze ich noch lange bei Mutter Meera und Sai Baba. Kann nichts denken. Nichts fühlen. Ich blättere die alten Foto-Alben durch, um mit meinen „neuen" Augen meinen Vater anzusehen. Augen, die den Hass und die Angst zulassen können. Die zweite Hälfte des Vater-Bilds in mir wächst. Ich spüre es körperlich. Mein Vater, ich habe dich geliebt und verachtet.

Vierzehn Tage lang visualisiere ich jeden Morgen und jeden Abend die neonfarbene Acht, in deren einem Kreis mein Vater sitzt und in dem anderen ich bin. Göttliches Licht wandert auf der Achter-Linie entlang und trennt uns sanft. Nun soll die endgültige Lösung der unguten Bindung an meinen Vater, an das Klein-gemacht-werden, an den Ursprung meiner Vernichtungskraft vollzogen werden. Ich habe etwas „Schiss" und ahne, dass es nicht ein „Eben-fertig-machen" werden wird.

Ich richte mir wieder einen kleinen Altar ein: Kerzen, Blumen, Mutter Meera, Sai Baba, das Mädchen mit

Katze. Da ist die Führung schon da! Ich begebe mich in das von Phyllis Krystal aufgestellte Programm. Es geht darum, die Bindungen konkret zu visualisieren. Aus Erfahrungsberichten weiß ich, dass man „im Traum nicht drauf kommt", welche Bilder dabei entstehen. So ist es auch bei mir. Die Verbindungen zwischen meinem Vater und mir sind zwei gelbliche, ganz feste Bänder, die auf der Rückseite meiner Schultern befestigt sind und diese nach vorne und zusammenziehen. Eine typische Körperhaltung von mir! Voller Tränen erkenne ich, dass diese Bänder im Herzen meines Vaters festgemacht sind! Im Herzen! Ich schluchze, weil das, was er von Herzen meinte, auf mich so zerstörerisch wirkte.

Nun bitte ich darum, gezeigt zu bekommen, wie diese Bänder aufgelöst werden können. Sie zerfallen von selber und steigen in die Luft. Meine Bilder entstehen zügig und deutlich und ähneln nicht annähernd dem, was ich mir in den letzten vierzehn Tagen ausgemalt habe.

Die nächsten Ritualschritte sind: Vergebung, Dank und Reinigung. Voll Mitgefühl und von Herzen kann ich meinem Vater nun vergeben und ihm für seine „guten Absichten" danken – und für all das Liebevolle, das er mir schenkte.

Bevor ich mich unter einem (gedachten) Wasserfall reinige, ziehe ich meine „alte" Kleidung aus: ein Kinderkleidchen und schwarze Lackschühchen mit einem Riegel! Das Kleid zerfällt zu Asche und Erde, aber die Lackschuhe sind ganz resistent, auch gegen Säure. Ich schneide sie schließlich auf und lege sie unter einen Busch, damit Mäuse darin ihr Nest bauen können.

Als ich um neue Kleidung bitte, erscheint Jesus vor meinem inneren Auge, eingehüllt in ein weißes Tuch mit einem Hirten-Stab in der rechten Hand. Er bleibt lange bei mir und berührt mich sehr. Jesus, mein Jesus. Er ist mein neuer Vater, mein spiritueller Vater.

Jesus, du bist mein Vater.

Mutter Meera, du bist meine wahre Mutter.

Später fällt mir ein, dass ich in der Vorbereitungszeit zur Ablösung beschlossen hatte, meinem (leiblichen) Vater die Vernichtungskraft mit einer rosa Schleife zu schicken. Diesen Beschluss nehme ich jetzt zurück. Es ist MEIN Ding, ICH muss mich mit dieser Kraft auseinandersetzen. Nicht er. Sie kommt aus mir. Er ist frei. Ich übernehme die Verantwortung für meine Vernichtungskraft.

Der Abschiedsbrief an meinen Vater fällt kurz aus. Es ist alles gesagt. Es ist alles bereinigt. Seine Tochter ist jetzt eine Frau.

Auch wenn mein Vater zu diesem Zeitpunkt schon seit vier Jahren tot ist, fühle ich durch das Ablöse-Ritual eine helle Erleichterung. Die emotionale Last der Verhaltens-Erbschaft ist aufgelöst, die Schwere verschwunden. Das macht meinen Blick frei für die liebenswerten Seiten an meinem Vater und ich kann ihm dafür danken.

~~~

Das nächste Dunkle kommt in Form einer Unterrichtssituation zu mir, die Therapie-Charakter für mich hat. Tanja aus der siebten Klasse steht mitten im

Unterricht auf und verkündet leuchtend und liebevoll wie eine Botin von Mutter Meera:

Sie   sind zu streng
          und zu streng
          und zu streng
          und zu streng
          und zu streng

und zählt zu jedem „streng" einen Finger ihrer rechten Hand.

Sie erreicht mich tief in meinem Innern: Das Alltagsgesicht meiner „Vernichtung" ist STRENGE! Sie kommt in meinem Unterricht oft vor. Mein Erfolg mit den pubertierenden Jugendlichen in der Hauptschule basiert auf Strenge. Erst wenn meine Ordnung herrscht, kann ich freundlich und liebevoll sein. Strenge – Enge – Angst. Es ist die Angst vorm Versagen, die Angst vor Machtverlust, die mich streng sein lässt. Eine unendlich lange Kette von panischen Schulträumen begleitet mich seit Berufsbeginn. Immer machen meine Schüler im Traum, was sie wollen, sind nicht zu bändigen. Und immer erwache ich schweißgebadet und hilflos. Diese Angst bewirkt, dass ich dem alternativen Unterrichtsstil des Fließen-Lassens nicht vertraue. Ich befürchte Chaos und Untergang. Also bin ich streng. Der „Herrscher der Tatkraft" hat Vorrang und oft genug auch der „Schwarze", d.h. die Eskalation der Tatkraft in die Vernichtung, in die Verachtung. Nur selten habe ich den Mut, meine „Schmetterlingsfee" in der Schule zu leben.

Diese Erkenntnis verhilft mir leider nicht zu einem ausbalancierten Verhalten mit meinen Schülern. Meine Angst ist zu groß. Und so bleibe ich die Strenge, kann diesen Ausweg trotz „Tanja" nicht verwirklichen. Meine Kollegen belohnen mich mit Achtung. Auch für sie ist es eine Herausforderung, mit den Jugendlichen so umzugehen, dass deren Bedürfnisse und unser Bildungsauftrag unter einen Hut kommen.

Hinter all meiner Enge keimt „Sehnsucht nach zart und rosa". Ich „sehe" eine geschlossene, rosa Knospe in mir, eine Herzblume, eine Gottesblume. Rückt das Ziel näher? Vielleicht.

Doch vorerst will der Weg weiter ins Dunkle führen. Ich träume:

Ich habe eine neue Schülerin in meine Klasse bekommen. Sie ist Türkin, spricht kein Deutsch und heißt HYLYA. Sie ist nur wenige Tage in der Schule, dann fehlt sie. Die Kinder erzählen mir, sie sei wegen einer Hüft-Operation im Krankenhaus. Darüber bin ich erleichtert, denn solche Sachen heilen bei Kindern schnell. Das ist nichts Dramatisches.

Dann habe ich einen Traum im Traum. Voller Verzweiflung schluchze ich:

Hylya sitzt in einem tiefen, tiefen Keller in einem Lattenkäfig. Und ich habe keinen Schlüssel, um sie zu befreien! Ich weine und weine. Ich muss sie doch retten! Andererseits weiß ich genau, wenn sie wirklich rauskommt, wird sie nur wenige Tage frei sein. Sie wird wieder straffällig werden. Das ist auch keine Lösung. Aber trotzdem ist ganz klar:

Ich muss dieses Mädchen Hylya retten. Ich bin ganz verzweifelt.

HYLYA? Ein seltsamer Name. Ich forsche nach. Der Name HYLYA hat den Zahlenwert 8/7/3/7/1 = 26 Das ist die Prinzessin der Stäbe im Tarot. Sie repräsentiert die „Überwindung der Angst". Ich staune: Ein Ausweg aus der Vernichtungskraft! Der Traum sagt mir, dass ich den „Schlüssel" zur Angstüberwindung noch nicht gefunden habe. Noch sind eine „Operation" und die „Straffälligkeit" meine alltäglichen Erfahrungen. Die eine Angelegenheit, die OP (bei der ja auch verletzt wird!), kann schnell heilen. Soll das bedeuten, dass ich meine Missachtung gegenüber meinen Mitmenschen relativ leicht überwinden kann? Für das andere Verhalten, die Straffälligkeit, d.h. die Missachtung von Gesetzen, gibt es noch keine Lösung. Der Schlüssel fehlt. Ich bin verunsichert.

~~~

Im Februar 1996 bin ich zum ersten Mal aus eigenem Entschluss bei Mutter Meera. Bisher fuhr ich mit David mit. Diesmal habe ich ein Anliegen: ich will Ihr meine Vernichtungskraft darbringen, will SIE bitten, mir zu helfen mein Herz zu öffnen. Als ich in der Warteschlange auf dem Boden sitze, schwindet mein Mut. Ich fühle mich nicht würdig, vor GOTT zu treten. Mutter Meera ist ein Avatar, das heißt eine bedeutende göttliche Inkarnation, etwas Ähnliches wie Jesus, GOTTES Sohn! Und ich darf einfach zu Ihr gehen?! Mit all meinen

Macken, mit all der Dunkelheit in mir? Je näher ich Ihr komme, umso heller, leichter und freundlicher wird es um mich herum. Und dann auch in mir. Ich will nur noch für Ihre Gnade danken. Danke sagen, dass ch trotz allem zu Ihr kommen darf. Alles andere ist unwichtig geworden.

SIE ist wieder so schön! Mein Herz klopft wild und ich zerfließe. „Dein Wille geschehe" ist alles, was ich noch denken kann. Auf dem Wartestuhl: „Dein Wille geschehe". Zu Ihren Füßen: „Dein Wille geschehe". Ich tauche ein in Ihre Augen, diesen sanften Samt aus Ewigkeit. Liebe – trotz meiner Vernichtungskraft. SIE schenkt mir Liebe. Diese Gnade macht mich fix und fertig. So soll es anderen mit mir gehen: ich möchte die Liebe, die SIE mir schenkt, an andere weitergeben.

Am zweiten Abend sollen wir schon um 18.15h kommen. Das hat Adilakshmi uns gestern gesagt. Sie ist die „ältere Inderin", die den Besuchern die Sitzplätze zeigt und in den Büchern von Mutter Meera als Sekretärin bezeichnet wird. Wir sind ganz aufgeregt. Warum sollen wir so früh erscheinen? Adilakshmi hat uns zwei Plätze ganz weit vorne reserviert! Wir werden zwei Stunden ganz nah bei Mutter Meera sitzen! Ich brauche nur die Augen zu öffnen und sehe SIE!

Aber noch intensiver ist das Fühlen. Diese helle, liebevolle Energie, die ich auch schon gestern spürte – jetzt sitze ich mitten in ihr. Intensive Heilung geschieht. Mutter Meeras Energie zieht durch alle Zellen in meinem Brustraum. Es drückt mal hier, mal dort und ich werde ganz weit. SIE ist auch an meinem dritten Auge und ganz oben auf dem Kopf „zugange". Es passiert genau das, was ich gewünscht habe: SIE öffnet mein Herz und alles ringsherum. So reich bin ich beschenkt! Ich werde immer sanfter und Liebe wächst in mir. Plötzlich erscheint mir jeder im Raum so liebenswert. Ich muss gar nicht mehr verurteilen oder „meckern". In so vielen meiner Zellen ist SIE gewesen und jede hat SIE weit gemacht und verändert. Es ist mir, wie alle Weihnachten meines Lebens auf einmal! So reich beschenkt! Hoffentlich kann ich es bewahren. Zur Erinnerung kaufe ich im Shop eine Japa-Kette. Ich bekomme sie geschenkt und David die drei ausgesuchten Fotos auch.

Aber ich komme nicht zurecht mit dem Privileg, reservierte Plätze zu haben, bevorzugt zu werden. Geschieht es wegen unserer Geldspende? Sonderbehandlung - so wie früher beim Arzt, weil mein Vater privatversichert war? Aus dem vollbesetzten Wartezimmer wurde ich herausgeholt, weg von der alten, vor Schmerzen schnaufenden Frau, von der Mutter mit Kleinkind und all den anderen Wartenden. Man bat mich in ein leeres Zimmer, wo ich nur kurz saß, um dann bevorzugt zum Arzt geholt zu werden. Und war doch noch ein Kind! Und litt nicht halb so viel wie die alte Frau! Ich schämte mich sehr. Und nun auch hier im Darshanraum die Bevorzugung! Warum? Ich kann nicht glauben, dass ich um meiner selbst willen auf diesem Sonderplatz sitze. Vielleicht ist es, weil ich Davids Frau bin und er etwas Besonderes ausstrahlt?

Ich beobachte, wie Adilakshmi die Plätze verteilt. Zum Teil scheint es nach Körpergröße zu gehen. Große Menschen bittet sie an den Rand oder nach hinten. Aber sie setzt manche Leute auch um, entscheidet sich anders, vertauscht z.B. zwei Sitznachbarn, holt jemanden von weiter hinten nach vorn und manchmal schickt sie welche von vorn nach hinten. Wonach geht sie vor? Was sieht sie? Was nimmt sie wahr? Eigentlich liebe ich diesen Platz, auf dem ich jetzt sitzen darf, schon seit dem allerersten Darshan vor knapp einem Jahr. Aber ich kann ihn nicht annehmen. Misstrauen? Ein bisschen schon.

Mutter Meera trägt heute einen dunkel blaugrünen Sari mit violetter Schärpe. SIE ist so wunderschön! Wie eine Meereswolke! Still erzähle ich Ihr von meiner Vernichtungskraft und bringe sie dar. „Bitte hilf mir, sie aufzulösen." Mit Macht zieht es mich zu Ihr: „Mach mich gefügig für GOTTES Gefüge. Lass mich GOTTES Willen erkennen", bitte ich still.

Ihr Blick ist diesmal schwer zu beschreiben: nicht ernst, nicht weich, nicht liebevoll. Eher: arbeitsam.

Ich kann nicht mehr lange meditativ bleiben. All diese Menschen hier! Jeder leidet auf seine Art. Jeder ist auf seine Art liebenswert. Da ist so viel Mitgefühl in mir. Ganz neu. Sonst ist meine Devise eher gewesen: Jeder ist seines Glückes Schmied – selbst schuld!

Vor dem vierten Darshan begrüße ich Adilakshmi voll Dankbarkeit. Es fällt ihr angenehm auf.

Erst aus meinem heutigen Blickwinkel (2016) kann ich diesen Satz im Tagebuch richtig einordnen: „Es fällt ihr angenehm auf", denn bei einem der ersten Darshans dachte ich über sie: "Was will diese olle Platzanweiserin denn hier?" Da wusste ich noch nicht, dass sie Gedanken hören kann! Wie peinlich!

Adilakshmi redet mit David, mir hat es vor lauter Dankbarkeit die Sprache verschlagen. Zögerlich stehe ich im Türrahmen und traue mich nicht als erste in den Darshanraum. Meine Gefühle toben: beschämt, überdankbar, zu Unrecht bevorzugt, beglückt. Erst als weitere Personen kommen, wage ich mich hinein und setze mich wieder auf diesen geliebten Platz, der mir so viel Selbsterfahrung und Heilung schenkt. Ich bin dankbar, dass alles so ist, aber ich schäme mich auch sehr. Nun bringt mir Adilakshmi auch noch zwei Kissen, damit ich nur ja bequem sitze! Es ist kaum auszuhalten.

Dieser Darshan ist ein besonderer. Sofort, als Mutter Meera kommt, sinke ich in eine tiefe Meditation, wie ich sie bisher noch nicht erlebte. Es ist unglaublich schön. Erst strömt dunkel-goldenes Licht direkt von Mutter Meera zu mir herüber. Ich denke, es sei Einbildung, aber das Licht lässt sich nicht „wegdenken". Dann kommt von rechts eine Bugwelle ganz intensiven rosanen Lichts, fast kitschig rosa. An ihrem Rand ist ein Streifen aus braunen Blümchen. Nun fließt von links oben ein Strahl blau. Ein Blau, wie das Kleid der Göttlichen Mutter, die in einem Traum vor Jahren zu mir kam. Wunderschön! Ich habe das Gefühl, selbst ganz hell zu strahlen.
Ich gehe zu Ihr. Ohne Gedanken, ohne Bitte, einfach so versunken, wie ich jetzt grad bin. Zuerst sehen wir uns ruhig an, dann schmelze ich dahin in Liebe für SIE. Ihr Blick wirkt freundlich und liebevoll, als wolle SIE mir sagen: „Es ist alles gut so, wie du es machst, und was alles so passiert." Voller Friedlichkeit gehe ich auf meinen Platz zurück, schwebe weiter in dieser Meditation und spüre, wie SIE wieder in meinem Kopf „schafft". Als meine Konzentration erlischt, liebe ich wieder alle

Teilnehmer. Ich tanke und tanke den Anblick Mutter
Meeras. Morgen fahren wir weg. Reich beschenkt. Liebe,
Liebe – so viel Liebe hat Mutter Meera mir geschenkt.
Mein Herz ist ganz weit geworden, so wie ich es mir
gewünscht hatte für diese Darshan-Folge. Ich bin voller
Dankbarkeit.
Sanft öffnet die Gottesblume in mir ihre Knospe.

~~~

Der nächste Schritt auf dem Weg der Liebe zur Auflösung
meiner Vernichtungskraft rückt noch einmal das Thema
„Angst" in den Mittelpunkt. Ich träume:

*David und ich sind in einer Landschaft unterwegs. Ab und zu
sehen wir einen Mann, der auf einer zwei Meter breiten Spur
irgendeine Tätigkeit vollbringt. Die Spur wirkt auf mich wie
eine Wunde der Natur und Angst entsteht in mir. Was macht
er da? Ich fühle mich bedroht. Nach einiger Zeit sehen wir,
dass der Mann Drainage-Rohre verlegt, um das Land zu
entwässern. Das ist nützlich hier. Es gibt keinen Grund zur
Angst.*

Dieses Gefühl der Bedrohung kenne ich. Wenn ich im
Unterricht mit pubertierenden Jugendlichen Angst vor
Machtverlust bekomme, reagiere ich vernichtend, greife
an und entwerte. Störenfriede stelle ich gnadenlos bloß
und gebe sie der Verachtung oder Lächerlichkeit preis.
Von Liebe keine Spur. Das wäre Schwäche, sagt meine
Vernichtungskraft, sagt mein Herrscher der Tatkraft. Als
„Weltmeister" verlasse ich die Bühne. Ich bin Siegerin.

Aber die Feindschaft bleibt, denn die Ursache besteht weiterhin.

Das ist mein Verhaltensmuster:
Angst → Vernichtung → Weltmeistergefühl.

Der Traum zeigt mir nun, dass es keinen Grund zur Angst gibt, denn sie beruht auf der Fehleinschätzung der Lage!

Ein neues Muster eröffnet sich mir:
Angst → achtsames Hingucken → Verständnis/Liebe.

Achtsamkeit und genaues Hinschauen können die Angst auflösen, sodass Liebe und Frieden fließen können. Wenn ich mir zum Beispiel die häuslichen Verhältnisse oder die Lebensläufe der Jugendlichen klarmache, entsteht Mitgefühl, Fürsorge und Liebe. Bin ich in der Liebe, kann ich friedlichere Unterrichtsmethoden verwirklichen, muss ich nicht schimpfen, drohen und bloßstellen.
Es gibt ein Mittel zur Auflösung meiner Angst: Genaues Hingucken und Achtsamkeit. Wie tröstlich und doch so schwer umzusetzen. Für mich zumindest.

Meine nächsten Träume zeigen mir ein Kind, dessen Beine nicht mehr funktionieren und dem ich verspreche, neue zu besorgen. Ein Briefkasten wird umgebaut, sodass er mehr Post aufnehmen kann; ein Umzug ist notwendig geworden, vor dem ich in letzter Minute zurückschrecke, weil ich das Alte nicht verlassen mag.

Ich hänge dazwischen. Das alte Muster ist vertraut, aber es passt nicht mehr in mein Leben. Das Neue erscheint noch fremd, bietet noch keinen Halt. Ich bin verunsichert.

~~~

Ostern 1996 gastiert Helmuth Rilling mit der Gächinger Kantorei in Scherlingen, einem Nachbarort von Weiladingen. In der katholischen Kirche spielen sie die Johannespassion von Bach. Ich bin kein Musikkenner, höre mit dem Herzen ohne Kopf-Wissen. Von den ersten Tönen an versinke ich in dieser wunderbaren Musik. Sie erfüllt den Kirchenraum und mich. Ich gleite in einen Zustand jenseits der alltäglichen Wahrnehmung und fühle mich getragen von diesem Klang, der berauscht mit seiner Macht und verzaubert mit seiner demütigen Zartheit. Heiligkeit entsteht.

Als gegen Ende Jesus am Kreuz stirbt, geschieht mir etwas Seltsames. Meine Hände, die still auf meinem Schoß ruhen, fühlen sich plötzlich „gefasst" an. Als seien da nochmal Hände, die die meinen halten. Dann erklingt der finale Satz „Es ist vollbracht" und ein goldener Lichtkreis entsteht vor meinem inneren Auge. Ein weiter Ring von meinen Händen hin zum Göttlichen Licht.

GÖTTLICHE LICHTHÄNDE HALTEN MEINE

Ich bin überwältigt.

Dann tauche ich auf aus tiefen Tiefen und finde nur mühsam meinen Körper, meine Umwelt, die ganz normalen Handlungen wieder. Es ist zuende. Wir müssen nach Hause fahren. Gut, dass David bei mir ist und noch weiß, wie „Alltag" geht.

Vielleicht ist dieses besondere Erlebnis gerade deswegen möglich geworden, weil ich den sicheren Boden unter meinen Füßen verloren habe. Weil ich zwischen alt und neu schwebe. Wie fürsorglich und unaussprechlich gütig, dass ich in dieser Verunsicherung die Botschaft geschenkt bekomme:

„Göttliche Lichthände halten meine"!

Schon im Mai 1996 zieht es uns wieder zu Mutter Meera. Wir mieten erneut die Ferienwohnung in einem Nachbarort, leben eine Zeitlang in Uromas alter Einrichtung mit Plüsch und Deckchen, die man nicht weggeben wollte nach ihrem Tod, und freuen uns auf Rex, den Schäferhund.

Im Darshan abends bin ich so glücklich!

SIE erfüllt mich mit vielen tausend Kribbelperlen.

SIE löst meine Blockaden.

SIE lässt meinen Kopf dröhnen vor Energie.

„Bitte nimm mir meine Angst." Mit diesem Satz gehe ich zu Ihr, bin wieder aufgeregt wie ein kleines Kind, kann nichts mehr denken, bin nur ein Häuflein Ungeschickt.

SIE hält meinen Kopf.

„Mach dich weit, Emma, mach dich weit!" flüstere ich mir still zu.

SIE schaut mir in die Augen.

Wieder hüpfen Fröhlichkeitsperlen hin und her. Und ich zerschmelze. In mir ist Liebe und Hingabe.

Langsam und sanft senkt SIE ein Mal die Lider: „Ja".

Wieder an meinem Platz schüttelt es meinen Oberkörper, Tränen quellen und in mir jubelt die Erkenntnis:

JA-Sagen ist Annehmen, ist Weite, ist Nicht-Angst.

SIE wird mir helfen meine Enge zu besiegen. Weite im Denken und Ja-sagen zum Leben verhindern meine Vernichtungskraft, die aus der Angst geboren wird. Danke Mutter Meera für diese Führung.

97

Durch die Enge der Angst bin ich gefangen in meinen starren Vorstellungen. Mein „JA-Bereich" ist schmal, mein Nein groß und mächtig. „Nein" ist Ablehnung, Einschränkung. Die Schwelle zum Kampf ist niedrig.
Es geht nicht darum, alles gut zu heißen. Aber das Nein meiner Vernichtungskraft ist so mächtig, dass die Balance kippt. Es braucht mehr JA an seiner Seite. Das Ja des Annehmens. Wesentlich ist außerdem die Weite im Leben; Weite, in der „das Andere" gedeihen darf ohne durch enge Vorstellungen eingeschränkt zu werden. Im Vertrauen auf den Wohlklang der vielen verschieden, menschlichen Lebensklänge ermöglicht sie eine bunte Vielfalt. Und zwar nicht das Überfluss-Zuviel, sondern wesentliche Vielheit. So kann ein Leben in Frieden gelingen.
Die Gottesblume in mir entfaltet weitere Blütenblätter.

~~~

Die Arbeit in der Schule bindet wieder meine volle Aufmerksamkeit und all meine Kraft. Nach und nach wird die heilsame Energie von Mutter Meeras Darshan dünner. Wieder versinke ich im Alltagsgestrüpp und obwohl mir ja eigentlich der Weg aufgezeigt wurde, lasse ich mich verunsichern. Fühle mich verwirrt und verliere erneut die spirituelle Richtung. Da machen mich Träume und Alltagsepisoden aufmerksam auf die Kraft des Feuers. Soll das heißen: „Feuer unterm Hintern"? Tu was!? Es macht mich ganz konfus. Was soll ich denn tun? Die Botschaft kommt zu mir:

NUTZE DAS FEUER ZUM FRIEDEN SCHAFFEN

Zunächst scheint mir diese Aufgabe zu simpel. Kann das wirklich alles sein? Erst allmählich begreife ich die Dimensionen. Wie schwer es für mich ist, all meine kleinen Reaktionen und Äußerungen danach auszuwählen, dass sie Frieden schaffen! So schnell saust ein Satz aus meinem Mund, der verletzt. So schnell schafft Rechthaberei unfriedliche Schwierigkeiten.

All die Feuer-Träume zeigen mir den möglichen Weg zur Überwindung der Angst: Feuer vernichtet nicht ersatzlos, es gebiert ein Neues, etwas Transformiertes. Angst könnte ich in Liebe transformieren. Aber immer wieder zweifle ich, frage ich neu oder kann nicht glauben, was gebotschaftet wird. Das liegt zum Teil daran, dass all diese hier beschriebenen Themen unübersichtlich ineinander verwoben zu mir kommen und zum Teil auch daran, dass ich vergesse, was mir schon geschenkt wurde. Die Fülle der Träume und Erlebnisse überwältigt mich. In einem Traum werde ich sogar ins erste Schuljahr zurückgeschickt, um lesen zu lernen! Ich kann nicht lesen! Ich gehe nicht vorwärts auf dem aufgezeigten Weg, verändere meine „Inhalte" nicht wirklich! Offenbar komme ich nicht in Schwung, um die Angst in mir aufzulösen, meine engen Vorstellungen zu weiten und das Leben mit einem „Ja" zu begrüßen, um den Nährboden für meine Vernichtungskraft zu beseitigen.

~~~

Eine besondere Freude ist es mir, wenn mein Geburtstag auf einen Tag fällt, an dem wir Mutter Meeras Darshan besuchen können. Im Februar 1997 ist so ein

Freudentag. Auf der Hinfahrt gibt es gar keine Schwierigkeiten. Weder ist das Auto überraschend fahruntüchtig, noch stehen wir in irgendwelchen Staus. Diesmal klappt alles reibungslos – naja: fast! Beim Duschen saust mir die Shampoo-Flasche aus der Hand und kracht mit lautem Getöse in die Badewanne. Das Glas bleibt heil, nur der Deckel platzt ab und springt in hohem Bogen durchs Badezimmer. Nicht so ungewöhnlich, gewiss. Doch als nach dem Darshan der Deckel der Teekanne mit viel Geklapper von der Kanne fällt, aber trotzdem alles heil bleibt, schauen David und ich uns fragend an: Soll das etwas bedeuten? Was?

Der Darshan am Tag vor meinem Geburtstag beginnt wieder mit der Sitzplatz-Frage! Inzwischen toben meine Gefühle nicht mehr über die Sonderbehandlung. Es ist, wie es ist und ich verstehe nicht, warum es so ist. Aber ich füge mich und genieße das große Geschenk, so dicht bei Mutter Meera sitzen zu dürfen.
Adilakshmi schaut mich bei der Begrüßung an und sagt fest: „Und du sitzt hinter mir!" David nimmt neben mir Platz. Der Darshan verläuft für mich zunächst ruhig und ich habe wenige Gedanken. Ich bin froh wieder bei Ihr sein zu dürfen. Der Platz hinter Adilakshmi gehört nicht zu den stillsten. Mehrmals muss sie aufstehen, zu Darshan-Besuchern hingehen, ihren Zeigefinger „ausfahren" und darauf bestehen, dass die Regeln eingehalten werden. „You better…" „Please don't do that." In Extremfällen kommt die Aufforderung: „Come!" und der arme Mensch muss irgendwo hinten im Raum Platz nehmen oder gar im Nebenraum. Ich würde vor

100

Scham versinken, wenn mir das passierte! Und so sitze ich einer Statue gleich, hebe keine Hand, um mich an der Nase zu kratzen, bewege keinen Fuß, um mal anders zu sitzen, schaue nicht rechts und nicht links. Ich will hier vorne sitzen bleiben dürfen. Hier, wo alles ganz ruhig zugehen muss, um Mutter Meeras Arbeit nicht zu stören. Und wieder gilt der Satz: Es ist, wie es ist und ich verstehe nicht, warum es so ist. Ich ertrage ohne einen Mucks, dass sich viele Menschen ruckelnd an meinem Stuhl hochziehen, um vom Warte-Teppich aufzustehen. Und dass Adilakshmi schon wieder aufstehen muss, um für Ordnung zu sorgen. In mir entsteht ein seltsames Gemisch aus innerer Ruhe und äußerer Beteiligung.

Dann gehe ich zu Mutter Meera und trotz aller Zweifel, ob ich darf, bitte ich SIE im Stillen: „Bitte nimm mir meine Vernichtungskraft." Als ich wieder auf meinem Platz sitze, sagt es in mir: „Bitte zieh den Stachel aus meinem Herzen." An die Größe der Gnade, die notwendig ist, wenn SIE mir diesen Wunsch erfüllt, mag ich gar nicht denken. Es raubt mir die Sinne. Mir fehlte auch fast der Mut, diesen Wunsch zu äußern, wäre da nicht das Wort Jesu: „Werfet alle eure Sünden auf mich". Und bei Ram Das, einem spirituellen Lehrer, heißt es: „...wenn wir unsere Unreinheiten wirklich opfern wollen, dann sagen wir: Hier, Kali-Ma, nimm du sie." Es ist mir ungeheuerlich, dass ich das darf.
Kaum bin ich wieder in die Stille eingetaucht, als eine Bilder-Gefühls-Reise (siehe Anhang) beginnt.

An der Stelle der 5B-Bergen-Wunde entsteht eine gelbe Spirale. Sie erweitert sich in immer größeren Kreisen in Richtung auf meinen Hals, innerhalb meines Körpers. Ich kann sie deutlich spüren. Etwas zieht aus der Wunde heraus. Zieht SIE den Stachel aus meinem Herzen? So schnell? So prompt? Hat es nicht mehr gebraucht, als SIE zu bitten? Mein Hals ist zu eng. Die Trichter-Spirale stoppt, weil sie nicht hindurchkommt. Mutter Meera, was muss ich tun? Ich weite meinen Hals und denke schnell die beiden Wörter, die mir in diesem Darshan ständig durch den Kopf gehen: zart und flexibel - zart und flexibel. SIE scheint mir beim Öffnen des Halses zu helfen. Die Spirale gibt ihre Form auf und etwas von ihrer Energie passt durch die Öffnung. Schließlich fühle ich einen Druck im hinteren Rachen-Bereich. Steckt dort jetzt der Stachel?

Meine Aufmerksamkeit schweift ab. Irgendetwas in mir scheint dieses Erlebnis zudecken zu wollen; tut so, als sei nichts geschehen und lässt Gleichgültigkeit aufkommen. Dumpf lasse ich den Kopf hängen. Es geht ja doch nicht. Jetzt steckt alles im Hals!

Aber da ist auch noch eine Andere in mir, die weiß, dass es ein langer Prozess ist und dass sie den Weg beharrlich weitergehen wird. Sitzt auf meinem verschlossenen Hals der Deckel, der abplatzen wird, wie der vom Shampoo und von der Teekanne?

In der Nacht träume ich eine Flut von Bildern. Ich treffe viele der Menschen, mit denen ich in meinem Leben je zu tun hatte. Alle Bilder träume ich nur, damit zwischen ihnen immer wieder ein und derselbe Satz erscheinen kann:

ES KOMMT IMMER DARAUF AN
AUF WELCHEM AST MAN GERADE IST.

Der Satz wird etwas warnend gesprochen, mit der eindringlichen Aufforderung: Achte darauf!
Der „AST" scheint ein Bild zu sein für die Basis, auf der man eine Beziehung zu einem anderen Menschen eingeht. Die Botschaft fühlt sich an wie: Nimm wahr, mit welcher Emotionalität eine Beziehung stattfindet. Ist sie auf dem Ast der Liebe oder auf dem Ast der Zerstörung angesiedelt? Nimm wahr und richte dein Verhalten danach aus. Forme dein Verhalten so, dass das entsteht, was du möchtest. Das ist das A und O. Es gibt keinen anderen Weg. SIE zieht mir wohl den Stachel aus dem Herzen, aber ich muss auch etwas tun: mein Verhalten kontrollieren und bewusst formen. Ich muss mich entscheiden, was ich will: Liebe oder Vernichtung. Und dementsprechend bewusst handeln.

Dann ist Geburtstags-Darshan. Adilakshmi setzt uns getrennt! David muss an den Rand, denn er hat sich ein Kissen für seinen schmerzenden Rücken mitgebracht und er bekommt von Adilakshmi noch ein zusätzliches. Damit ist er viel zu groß, um in der Mitte bei mir zu sitzen.
Ich bin an meinem Geburtstag ganz allein vor Mutter Meera. Gut so. SIE kommt in einem goldgelben Sari mit Goldborte! SIE ist so wunderschön! In meinem Kopf drehen sich all die Begriffe der letzten Stunden: zart und

flexibel, platzende Deckel, Stachel aus dem Herzen, Vernichtungskraft, goldene Spirale, enger Hals, Angst. Sie formieren sich zu dem Satz: „Bitte nimm mir meine Enge." Ich bin mir nicht ganz sicher, ob ich schon wieder bitten darf, aber in Ihrem Buch „Antworten" sagt SIE, dass wir um ALLES bitten und bei nichts stehen bleiben sollen. So knie ich vor Ihr und bringe meine Bitte still vor. Lange, sehr lange hält SIE meinen Kopf. Wieder auf meinem Platz spüre ich ein Unbehagen. Ist etwas falsch an meiner Bitte?
Nachts träume ich:

Ich bin mit David auf einem Treffen seiner Kollegen. Ich fühle mich fremd und nicht zugehörig. Es gibt mehrere Situationen, in denen ich normalerweise meine Meinung über eine Person geäußert hätte. Jetzt aber schweige ich, denn mir fehlt das Hintergrundwissen für ein Urteil. Einige Gruppenmitglieder benehmen sich wirklich merkwürdig, aber vielleicht ist dieses Verhalten ja unbedingt notwendig oder unumgänglich? Ich bin nicht genug Teil dieser Gruppe, um die Menschen beurteilen zu können.
Ich kann nicht urteilen, weil ich so fremd bin.

Ist es das, was SIE mir sagen will? Ich muss mir meine Enge selber nehmen, indem ich nicht mehr urteile, nicht verurteile? Das Unbehagen weicht. Das war falsch an meiner Darshan-Bitte! Ich mache die Enge selbst, also kann ich sie auch selbst ändern. Zum Beispiel meine Urteile über das Aussehen Anderer. Über deren Kleidung: „Die Hose sitzt ja unmöglich!", deren Körperhaltung: „Der geht ja ganz schief!" und deren

Verhalten: „Was macht die denn da?" Vernichtende Urteile, weit entfernt vom „Ast der Liebe".

Wie kann ich Abhilfe schaffen? „Augen-zu" entpuppt sich als Hilfe im Alltag. Wenn ich spüre, dass sich in mir ein Urteil über jemanden im Raum anbahnt, schließe ich schnell die Augen und stoppe damit das gewohnte Bewerten. Eine weitere Hilfe ist es, wenn ich meinen Mitmenschen in die Augen schaue, denn dann finde ich Liebe in meinem Herzen für sie. Meistens zumindest. Das weiß ich vom Umgang mit meinen Schülern. Konzentriere ich mich nur auf ihr teils chaotisches Verhalten, gehe ich in die Konfrontation. Schaue ich ihnen in die Augen, erkenne ich ihre Lebens-Not und Mitgefühl lenkt mein Handeln.

Verhaltenskontrolle kann meine Enge lösen:

Auf welchem Ast bin ich gerade?

Und so fahre ich zum dritten Darshan: „Bitte gib mir die Kraft, mein Verhalten wirklich zu verändern." Adilakshmi begrüßt uns wieder strahlend. Sie hält meine Hände, warm und weich und doch fest. Schön. Lachend klären wir, wer wo sitzt und begeben uns dann in Meditation. Ich zögere noch, ob ich zu Mutter Meera vorgehen soll, als ich schon eine Antwort finde auf meine Bitte: Ich habe diese Kraft zur Verhaltensänderung schon in mir! Es ist die Kraft zu strukturieren und zu organisieren. Ich muss sie nur umlenken auf mich selbst, denn bisher habe ich mit ihr an anderen Menschen herumstrukturiert, habe mir Gedanken und Vorstellungen für ihr Leben gemacht!

Mein Organisator fängt auch gleich an: Ich muss allen dienen, die mich direkt oder indirekt darum bitten; muss jedem geben, was er braucht. Bilder aus meinem Schulalltag tauchen auf: Max brauchte mein Herz und mein Ohr - ich schickte ihn weg. Tina brauchte meine Hilfe, dass sie ihren Ring wiederbekam - ich vergaß. Das ist nicht der Ast der Liebe! Die „Diebin" im Sportumkleideraum brauchte einen Ausweg. - Plötzlich weiß ich eine Lösung: sie legt das Gestohlene zurück ins Sportschmuckkästchen. Und Klaus und Jochen, darf ich ihrem verletzenden Verhalten Grenzen setzen? - Ja, denn Anke braucht Schutz vor deren Hohn. Aber vielleicht kann ich nächstes Mal Adilakshmis Formulierung benutzen: „It's better for you…" - zart und nicht streng. Auf dem Ast der Liebe.

So, wie Mutter Meera JEDEN ganz ernst nimmt, so muss auch ich jeden ernst nehmen, denn jeder ist ein Lebenskonzept, das von GOTT geschaffen wurde! SIE empfängt den jungen Mann, der mit wirrem Blick, ungewaschen und barfuß kommt, mit der gleichen Zuwendung wie die gepflegte Frau im blauen Nerzmantel! Guck hin, Emma!   Lerne, nicht zu verurteilen! Sei da und gib, um was man dich bittet.

Nach dem Darshan gehen wir in den kleinen Verkaufsraum. Plötzlich sehen mich Adilakshmis Augen an. Sie lassen mich gar nicht mehr los und ich zerfließe: so dunkel, so sanft, so unendlich und wahr. Ich bleibe in diesem Blick, solange ich kann. In einem liebevollen Lachen löst sich unsere Verbindung und es wird wieder Alltag - soweit das in diesem Haus überhaupt möglich ist. Dann fragt sie uns, ob wir morgen wiederkommen. Wir sind ganz verwirrt, denn es gibt Regeln, wie oft man in einem bestimmten Zeitraum zum Darshan kommen darf. Uns wurde die Sondererlaubnis von drei Besuchen am Wochenende geschenkt und der dritte Tag ist heute gewesen. Unmöglich, dass Adilakshmi nicht richtig mitgezählt hat! Wir fragen zurück, ob wir denn nochmal kommen dürfen. Einen Moment zögert sie, sieht aus, als horche sie auf etwas, und sagt dann: „Ihr dürft immer kommen. Immer viermal."

Ich bin fix und fertig: noch mehr! Dieses Geschenk - und: diese Aufgabe! Ich soll noch mehr an mir arbeiten. Meine Schale soll noch mehr geknackt werden, und dabei fühle ich mich schon völlig auseinandergenommen und erschöpft von all den inneren Prozessen! Trotzdem jubelt es in mir: JA! Voll Freude sagen wir zu, denn morgen ist Rosenmontag und wir müssen nicht zur Arbeit. Später wird David sagen: wir werden es nötig haben! Auch er kann keinen gescheiteren Grund für diese großzügige Einladung finden.

Für heute bleibt mir nur noch, meinen leiblichen Hunger zu stillen, ganz viel zu trinken und erschöpft ins Bett zu sinken. Dass diese innere Arbeit so viel Kraft kostet! Unbegreiflich.

Schon vor Ihrem Haus spüre ich am nächsten Tag Mutter Meeras intensive Energie. Es vibriert und kribbelt in meinen Zellen wie sanfte Sektperlen. Ich freue mich auf SIE. Heute herrscht im Raum trotz des Schweigens eine unruhige Stimmung, denn es sind viele „Neue" da, für die das Meditieren noch nicht selbstverständlich ist. So war ich auch bei meinem ersten Darshan: das Gucken im Außen war wichtiger als das Schauen nach innen. Jetzt ist es bei mir vertauscht. Sanft öffnet Mutter Meera mein Herz. Ich begrüße den leichten Schmerz im Brustraum und danke Ihr.

SIE ist wieder über alle Maßen schön. Ich kann mich nicht sattsehen. Mutter Meeras Sari, den SIE in diesem Darshan trägt, ist pink-türkis und SIE wirkt darin viel „konkreter", irdischer, als in der seegrünen Wolke von gestern. In mir ist Weite und Ruhe und viel Frieden. Nur mein Ego meckert, wartet auf großartige Bilder und Gefühle und ist ganz enttäuscht, dass „nichts" passiert. Ich genieße die Weite in mir und weiß, SIE schenkt mir, was ich brauche.

Draußen spielen Kinder. Ein Mädchen ruft „Mama" und ich sage innerlich „Mutter". Mama – Mutter, Mama – Mutter. Das Mädchen hört gar nicht mehr auf zu rufen und mein Echo kommt freudig: Ich rufe meine Mutter!

Der gestrige Satz „Ich bin Deine Tochter", den ich im Darshan denken musste, wandelt sich in „Ich bin Dein Kind." Leicht und unbeschwert wie ein Kind. Das ist mir wie eine Antwort auf mein Gespräch mit David vor einigen Tagen, in dem ich ihm erzählte, dass mir immer so schwer wird, wenn ich versuche, wesentlich zu sein. Ernst und schwer – statt fröhlich und leicht.

Ihre Hände halten meinen Kopf ganz kurz. Der Blick: kurz. Ego gib Ruhe! Ihr Wille geschehe; es ist, was ich brauche. Wir sind hier nicht beim Weltrekord. Schon gleich nach dem persönlichen Darshan kann ich mich nicht mehr an Ihre Augen erinnern. Heute ist alles anders. Aber die

Leichtigkeit beglückt mich. Innerlich singe ich „Jubilate deo", immer wieder, und möchte tanzen vor Glück und Übermut! Fröhlich glauben – wie ein Kind. Danke, Mutter Meera. Mutter.

Am nächsten Tag lese ich in Mutter Meeras Antworten-Buch Sätze, die mir nahe gehen:
Seid wie ein Kind – rein, voll Liebe, spontan, unendlich flexibel und jeden Augenblick bereit, zu staunen und Wunder zu akzeptieren.
Seid einfach. Seid wie ein Kind. Das Kind weiß nicht, wohin die Mutter geht, aber es liebt sie und lässt sich von ihr tragen.
Offen zu sein bedeutet, wie ein Kind zu empfangen.

Meine Nacht ist unruhig. Träumen und Wach-Sein vermischen sich, diffus und ungreifbar schwirren meine Gedanken umher. Nur ein einziger klarer Satz bleibt in meinem Gedächtnis hängen: „Ich muss das Kind zum Darshan bringen." Es ist ganz gewiss, ohne dass ich weiß. Welches Kind? Am Tag erweitert sich das nicht-wissende Wissen: Das Kind ist verletzt. Ich muss das verletzte Kind zum Darshan bringen. Es macht mich traurig, ganz traurig und schwer.

DIE LIEBE GEBIERT.
DIE LIEBE STIRBT.
GNADE SEI MIT DIR.
AMEN.

Ich weiß nicht, woher diese Wörter kommen. Sie greifen meine Schwere auf, formen sich in meinem Kopf, ohne dass ich „denke".

Abends nehme ich das Kind mit zum Darshan. Ich bringe es Mutter Meera dar. In Gedanken reiche ich es Ihr. Wie sagt Ram Das? „Hier, Kali-Ma, nimm du's!" Sofort ist meine Traurigkeit verschwunden. Ich fühle mich licht und weit. Nun muss ich schnell und regelmäßig atmen. Es fühlt sich an, als arbeite SIE an meinem Herzen. Zuerst spüre ich eine Bahn goldenen Lichts von hinten in mein Herz dringen. Ein Druck entsteht und mit meinen Atemzügen wandert er hoch. Stück für Stück durch den Brustkorb, dann in den Hals, in den Gaumen zum Stachel - ohne stecken zu bleiben! Es ist, als musste ich erst das verletzte Kind darbringen, bevor die Arbeit an meinem Herzen fortgesetzt werden konnte. Das verletzte Kind, das bin ich. Ich weiß es plötzlich. Das „Wann" und „Wie" und „Durch wen" scheint nicht wichtig. Wichtig scheint allein das Darbringen. „Das Mädchen mit Katze", meine Verletzlichkeit, mein Wund-Sein kommt mir in Erinnerung. Durfte Heilung stattfinden? Mein Kopf kann es nicht verstehen. Hätte man mir so eine Geschichte vor zehn Jahren erzählt, wäre mein Urteil vernichtend ausgefallen: Die tickt ja nicht sauber!

Nun habe ich eine ganze Reihe von Auswegen aus meiner Vernichtungskraft gezeigt bekommen. Ich kann meine Beziehungen zu anderen Menschen überprüfen, ob sie auf dem Ast der Liebe oder dem der Zerstörung sind. Ich kann mich für einen Ast entscheiden, sollte selbst bewusst auswählen, was ich will und dann dementsprechend handeln. Außerdem ist es hilfreich, andere nicht zu verurteilen, sondern Ja zu ihrem So-Sein zu sagen und ihnen zu dienen, so wie sie es brauchen. Das schafft Frieden statt Vernichtung. Wenn ich dann auch noch fröhlich glaube wie ein Kind, kann Leichtigkeit mein Verhalten formen.

Mein Lern-Programm: Verhaltenskontrolle.

Mutter Meeras Geschenk: Herzöffnung.

Beides geht Hand in Hand. So sollte man meinen. Doch ich lerne schwer. Die Darshan-Botschaften entgleiten mir im Alltag, der alte Trott geht weiter.

Geduldig erneuert Mutter Meera mein „Programm", als wir Ende Februar wieder bei Ihr sind. Ich erkenne deutlich: Mein Herz kann nur heilen, wenn ich nicht mehr beurteile. Und im Traum erreicht mich eine Aufforderung, deren Verwirklichung ein Lebensprogramm ist:

ERKENNE EMOTIONSLOS
UND HANDLE NOT-WENDEND

Emotionslos? Meine Güte! Wie mach ich das denn? Der Alltag beschert mir einen „harten Brocken" als Prüfstein. Mein Rektor ist für mich DIE Herausforderung. Schon bei kleinen Meinungsverschiedenheiten kann er explodieren und voll Vehemenz seine Meinung vertreten und durchdrücken. Kaum jemand aus dem Kollegium ist seinem Verhalten gewachsen – wir geben alle klein bei und fühlen uns gedemütigt.

Es sollen neue Schulmöbel angeschafft werden und wir Kollegen dürfen die Auswahl mitbestimmen. Eigentlich. Doch unser „Löwe" kämpft wie wild, dass wir die Möbel „wählen", die er bevorzugt.

Die lauten Auseinandersetzungen entfachen meine Vernichtungskraft aufs heftigste. Sofort bin ich wieder in dem Fahrwasser, über alles zu meckern und alles besser zu wissen. Das Spiegelbild seines Verhaltens. Von wegen „emotionslos"!

Leider lasse ich diese Emotionen nicht dort, wo sie entstanden sind, und trage sie mit in mein Privatleben. David muss mich aushalten. Als ich es erkenne, ist es schon zu spät. Unser Wochenende steht unter dem Einfluss meines ungnädigen Besserwissers und Meckerpotts.

Ich kann es nicht! Ich kann mein Verhalten nicht so steuern, dass Liebe entsteht! Ich bin verzweifelt. Bitte Mutter Meera, mach mich weich, dass die harte Enge andere nicht verletzt.

Nach den vielen Tränen am Sonntag schleppe ich mich erschöpft durch einen Termin-vollen Montag, falle müde um dreiundzwanzig Uhr ins Bett und kann doch nicht schlafen. Das Gedankenkarussell rast und es gelingt mir nicht, loszulassen. Ich muss mich hinnehmen.

Am Dienstag bin ich notgedrungen „weich-gekocht". Vielleicht gelingt es mir deswegen, die Energie zu spüren, die in mir aufsteigt, wenn ich mit meinem Rektor zusammen bin. Schon nach einigen Minuten fühle ich Tatendrang, Begeisterung und etwas Treibendes wie Kohlensäure oder wie ein Siphon. Er ist „ansteckend" in seinem Engagement. Aber wenn nicht alles nach seinen

Vorstellungen läuft, kippt seine Stimmung in: Vernichtung, Explosion, Chaos und Weltuntergang. Er weckt schlafende Hunde in mir – Bluthunde.
Emotionslos – welch Herausforderung!

~~~

Eine Woche später, im März 1997, fahren wir wieder zu Mutter Meera. Diesmal gibt es keine Schwere in mir, keine Ergriffenheit in dramatischer Form. Ich fühle mich leicht, sonnig und wach. Ich darf wieder auf meinem Lieblingsplatz sitzen. Inzwischen ist mir das nicht mehr so wichtig - Hauptsache ich bin bei Ihr in Ihrem Haus. SIE ist eh überall und ich kann SIE spüren. Ich fühle mich so nah bei Ihr wie die Jünger damals bei Jesus, die ich als Kind immer so beneidete! Mutter Meeras Kraft geht in Form von Wellen in meinen Körper und öffnet Gewölbe in mir. Meine Gedanken wandern zu einem Alltagsproblem: Wir haben die Patenschaft für zwei mittelamerikanische Kinder übernommen. Sie haben uns zu Weihnachten Briefe und Zeichnungen geschickt, für die wir uns immer noch nicht bedankt haben. Ich hatte gehofft, dass David diese Aufgabe übernimmt, denn es war ja seine Idee. Er bleibt aber in dem Muster, dass ich für Geschenke zuständig bin. Er will schenken und ich soll es ausführen. Das widerstrebt mir. Aber immer wieder lasse ich mich darauf ein, weil sonst die Kinder (auch in der Familie) die Enttäuschten sind. Im Darshan nun erinnere ich mich an die alte Lektion: ich muss allen Menschen dienen. Allen. Nicht nur einer Auswahl. Wenn mir eine Schulklasse mit achtundzwanzig Kindern anvertraut wird, muss ich achtundzwanzig Kindern dienen und nicht nur einigen von ihnen, die ich aus mehr oder weniger egoistischen Gründen auswähle. Wenn mir über David Menschen näher gebracht werden, so sind sie auch bei mir und ich bin zuständig.

Mutter Meera hält meinen Kopf einen kurzen Moment. Aber SIE blickt lange in meine Augen. Ich bitte SIE, mein Herz mit noch mehr Liebe zu füllen und freue mich über diesen langen Blick, denn er bedeutet ja, dass SIE schaut, wo SIE mir im Alltag helfen kann. Das kann ich sehr wohl brauchen: Hilfe im Alltag.

Die Nacht ist traumlos und ich schlafe tief und fest. Am Morgen fühle ich mich fit genug für einen Stadtbummel. Normalerweise vertragen sich die beiden Energiefelder „Darshan" und „Stadt" nicht ganz so gut. Aber heute meine ich nicht zu „schweben". Als wir durch die Straßen gehen, merke ich, dass ich doch „anders" bin. Leicht, froh und voller Sympathie schaue ich die Menschen an. Alle erscheinen mir so in sich stimmig. Lauter Möglichkeiten, Mensch zu sein. Die Vielfalt ist unendlich. Nachmittags schreibe ich unseren Patenkindern. Endlich. Dienen mit bedingungsloser Liebe.

Beim zweiten Darshan ist alles unspektakulär, so bekannt und vertraut, so normal im angenehmen Sinne. Meine Gedanken über meinen Alltag erscheinen mir nicht als Störung. Irgendwie ist alles eins: bei Mutter Meera sein und im Alltag sein. Es fließt ineinander und begrüßt sich gegenseitig.

Ich bitte SIE: „Bitte heile mein Herz - es tut so weh - mir und anderen." Und ich weiß, SIE wird mir helfen in dem Maße, wie ich es zulassen kann und Ihr nicht im Wege stehe.

Im dritten Darshan sitze ich einfach da und weiß nicht, was ich denken soll und worum ich bitten könnte. Ich versuche meine Mitte zu spüren und dort zu bleiben trotz der Unruhe im Raum. Heute wird der Fluss immer wieder gestört, so scheint mir. Vielleicht bin ich es auch selbst, die so unruhig ist. Nach einer Weile sehe ich im Innern eine auf mein Herz gerichtete Muschelhälfte wie eine Jakobsmuschel. Ihre Unterseite ist grau-grün und innen schimmert sie weißlich-rosa. Diese Farbe berührt mich sehr und eine Art Sehnsucht entsteht. Das Weiß-Rosa verbindet sein Licht mit meinem Herzen. Alles wird hell und freundlich. Reste von braun und Schmutz fließen ab – dann ist wieder Licht. Eine Magnolien-Knospe erscheint.
Als ich vor Mutter Meera knie, bin ich plötzlich wieder ganz aufgeregt. In mir flattert alles. Ich versuche, mich ganz weit zu machen, für das, was SIE mir schenkt. Diesmal hält SIE lange meinen Kopf und „schafft" an meinem Rücken. In Ihrem Blick zerschmelze ich in Liebe. Ihr Segen gibt mir Frieden und völlige innere Stille. Tränen sickern leise aus den Augenwinkeln. Es sind Tränen der Heimat, der GOTT-Nähe.

Eine Gruppe von jungen Engländern sitzt vor mir auf dem Boden. Alle gehen ganz gefühlvoll miteinander um: sehen sich lange an, streicheln sich und lehnen sich aneinander. Mitten im Darshan fängt einer von ihnen an zu weinen und gleich drei oder vier weinen mit. Ich habe die Fantasie, dass jemand von ihnen sehr krank ist, vielleicht Aids hat, und die ganze Gruppe Mutter Meera um Heilung bittet. Mein grausames Ego denkt sogar: „Hätten sie nicht so viel Sex durcheinander gehabt, hätten sie auch kein Aids – und Mutter Meera soll nun retten!"

Zwei Männer dieser Gruppe sehen sich sehr lange sehr tief an. Adilakshmi steht auf und flüstert streng: don't do that! Ein Teil von mir weiß, dass diese Gefühlsäußerungen im Darshan nicht erwünscht sind, und richtet streng über diese Gruppe. Der andere Teil fragt sich, warum Liebevolles dieser Art hier nicht sein darf, wo es doch Mutter Meeras Ziel ist, Liebe zu säen. Befürchtet man ein Gefühlsgedusel? Würde das die Konzentration und Disziplin des Darshans zerstören? Wäre Mutters Arbeit dann nicht mehr so möglich? Vieles in diesem Haus bleibt ein Rätsel.

Nachher im Auto sagt David: „Das war ja süß, wie die Engländer plötzlich alle anfingen zu weinen!" Was ist „richtig", was ist „falsch"? Bin ich im Recht, wenn ich sie verurteile; hat er recht, wenn er sie liebt? Und Adilakshmi? Und Mutter Meera? Vielleicht ist gar nicht so wichtig zu wissen, was andere darüber denken. Wenn ich bei mir selber nachforsche, erkenne ich mein altbekanntes Muster der Verurteilung. Die Nähe, die in der Gruppe gelebt wird, macht mir Angst. Ich halte sie nicht aus. So starke Gefühle! Öffentlich! Und dann sind es auch noch zwei Männer, die sich so zärtlich anschauen! Wie ungewöhnlich.

Ich fühle eine Art Bedrohung dessen, was ich mir als meine Wirklichkeit im Leben zurechtgedacht habe. Diese intensive Nähe – diese Liebe – kommt darin nicht vor. Getreu meiner Gewohnheit wehre ich meine Angst mit Entwertung ab: Es ist verwerflich, was die Gruppe tut! Unterstützend sagt der strenge Herrscher der Tatkraft in mir: „Das darf man nicht. Das ist hier verboten." Zwei vermeintlich „gute" Gründe für meine Verurteilung.

Da ist es wieder, das alte Verhaltensmuster:

Angst → Vernichtung.

Ich übe das neue Muster: Angst → Hingucken.

Bedroht mich das Verhalten der englischen Gruppe wirklich? Muss ich sie verurteilen, nur weil sie anders sind als ich? Eigentlich darf doch das, was anders ist, gleichwertig neben dem stehen, was mir vertraut ist! Es gibt keinen Grund für Angst. Nun kann ich aus dem alten Verhaltensmuster aussteigen. Ich lasse die englische Gruppe los. Sie sitzen dort – ich sitze hier. Mehr gibt es nicht festzustellen.

~~~

Erst Anfang August haben wir wieder Zeit, zu Mutter Meera zu fahren. Juni und Juli sind in Baden-Württemberg die letzten Schuljahrs-Monate, in denen immer viele Extra-Termine und Arbeiten zu erledigen sind. Da bleibt kein Raum für anderes. Da mache ich die Augen zu und gehe hindurch. Keine Besuche von Freunden, keine Schön-Termine – nichts darf sein. Ich bin an meiner Belastungsgrenze. Ein Darshan zu dieser Zeit wäre Vergeudung.

Dann sind wir endlich wieder bei Ihr! Mein Herz und ich jubeln – wenn auch etwas erschöpft vom Schulgeschehen. Wir sitzen vorne, direkt neben der Mutter. Ich genieße. Die Energie hier vorne ist sehr fein und hell, von einer leichten Süße – engelsgleich. Mein Körper fühlt sich im Kontrast bleischwer an. Ich versuche, mich ganz weit zu machen, dass diese Energie, die ich hauptsächlich im Kopf spüre, in meinen ganzen Körper einfließen kann. Doch es gelingt mir nicht. Zu schwer bin ich mir. Dieser Sitzplatz hat den Nachteil, dass ungefähr die Hälfte der Besucher an meinem Stuhl wackelt oder meinen Körper berührt. Immer wieder muss ich mich neu konzentrieren und es gelingt mir nicht, in der Meditation die gewohnte Tiefe zu erreichen. Unmut wächst in mir. Ich fühle mich gestört und so manchem Darshan-Besucher schicke ich einen mürrischen Blick hinterher. Mein Gleichmut ist dahin. Hinzu kommen ein Gewitter, Unruhe im Vorraum und eine piepsende Uhr. Es nervt mich. Als ich aufgebe, nach innen sinken zu wollen und einfach stumpf vor mich hinschaue, steigen mir die Tränen in die Augen. Und plötzlich weiß ich wieder: „Mein Herz öffnen" heißt, es für ALLE Menschen zu tun, auch für die, die „stören". Heißt: Jeden Menschen mit weitem Herzen anzunehmen, so, wie er ist – ohne meine Bewertung und ohne Ablehnung. So, wie Mutter Meera jeden ohne Unterschied empfängt. Still, ernst und voller Achtsamkeit. SIE gibt jedem, was er braucht, was ihm hilft. SIE dient bedingungslos. Die Tragweite dieses Lernschritts der Herz-Öffnung wird mir bewusst und ich weiß, wie schwer es mir mit dieser Aufgabe werden wird.

Nur ungern erinnere ich mich an meinen Versuch des Dienens vor einem Jahr. In meinem Tagebuch von damals steht über die Reise mit meiner Mutter nach Kreta:

In welchem Film bin ich gelandet, was inszeniere ich hier? Das, was als Geschenk an meine Mutter gedacht war, als Bereitschaft, ihr zu dienen, verkehrt sich ins Gegenteil: mir scheint, sie dient mir! Brav trottet sie hinter mir her, brav nennt sie Nettes, tapfer strengt sie sich für mich an. Sie lässt mich bestimmen, geht in die Opfer-Rolle und dabei dachte ich, sie solle die Aktive sein. Ein riesiger Aufwand für ein absurdes Theater! Dieser Urlaub ist nicht IHR Urlaub, denn sie überlässt ihn mir. Dieser Urlaub ist nicht MEIN Urlaub, denn das, was passiert, ist nicht mein Wille, sondern das Bild, das ich von IHREM Urlaub habe. Spielen wir ein Spiel? Sie tappelt mit, um mir einen Gefallen zu tun. Ich entscheide in der Hoffnung, ihr einen Gefallen zu tun.
Wo ist die Wirklichkeit?
Heißt „ihr dienen", für sie die Täter-Rolle zu übernehmen? Mein Anliegen, ein „guter Täter" zu sein, bleibt ein Tasten im Nebel, denn das Opfer ist ein „gutes Opfer" – es sagt nie, was es will. Oh Mutter Meera! Wie geht Dienen? Vielleicht muss ich ein „weicher Täter" sein?
Wir quälen uns durch die Urlaubstage. Zäh zieht sich die Zeit. Ich mache gute Miene zum bösen Spiel, das ich selbst erfand. Als jede von uns nach dem Urlaub wieder in ihrer Welt landet, ruft meine Mutter mich an, dass sie

nach sieben Stunden Zugfahrt von Süddeutschland nach Bremen gut angekommen ist. Ihre Stimme klingt fest und lebendig! So tatenvoll war sie den ganzen Urlaub nicht! Ich bin erschüttert. Warum geht sie bei mir in die Opfer-Rolle?

Als ich meiner Freundin Chalis einen Brief über den Kreta-Urlaub schreibe, merke ich, dass ich meine Mutter selbst in die Opferrolle gedrückt habe. Muttis spontaner Wunsch war es, mit mir nach Bömighausen im Sauerland zu fahren, wo wir früher in allen Ferien Urlaub machten. Aber das war mir nicht exotisch genug! Ich schäme mich sehr: ich wollte ihr dienen mit diesem Geschenk, aber sie sollte etwas aussuchen, was in meinem Sinne war! Ich war nicht wirklich bereit, ihr zu dienen. Ich fühle, dass es jetzt fair wäre, eine Woche mit ihr nach Bömighausen zu fahren. Das wäre echtes Dienen, denn das würde mir schwerfallen. Sie ist brav mit mir gekommen, jetzt sollte ich brav mit ihr gehen.

Still frage ich Mutter Meera, was ich tun soll und bringe Ihr meine Verzweiflung über mich dar. Dann laufen plötzlich meine Tränen. Ein Druck macht meinen Brustraum weiter und breiter. Das erfüllt mich mit Angst. Was geschieht?

Eigentlich weiß ich, dass SIE es ist – Mutter Meera – denn es fühlt sich wie im Darshan an. Immer wieder denke ich flehentlich: bitte bleib bei mir, ich habe Angst. Dann lässt der Druck nach, etwas scheint gesprengt worden zu sein. Die Weite bleibt. Hat SIE mein Herz geweitet?

Mir ist wie „Verzeihung".

Ist mir mein egoistischer Dienen-Versuch schon verziehen?

Tief im Herzen weiß ich mit einem Mal: ich kann nach Bömighausen fahren, aber das Wieder-gut-machen ist nicht davon abhängig. Das ist schon geschehen im Erkennen. Im Erkennen und Bereuen der Tat. Diese Gnade überwältigt mich. Plötzlich erscheint vor meinem geistigen Auge das Gesicht von Mutter Meera. Und darin Muttis Kopf! Sie sind eins!

„Das, was du einem meiner geringsten Brüder getan hast, das hast du mir getan." Ich bin stumm vor Scham, Wissen und Ehrfurcht. GOTT ist auch in meiner Mutter.

Wenn ich ihr diene, diene ich GOTT.

~~~

Es gibt kaum ein spirituelles Buch, in dem nicht von unsagbarem Leiden die Rede ist. Entweder das gesammelte Leid aller Kreatur, das jemand (er)trägt oder das schmerzliche Leid des Getrenntseins von GOTT, das erlitten wird. Warum ist das bei mir so anders? Ich kann das gar nicht nachempfinden, denn siehe, alles ist so wohl gefügt! Es muss so sein, vertrauet doch! ER hat es so gefügt, ER kennt den Plan, ER sorgt wohl für uns. Und wenn es Kriege gibt, ist das furchtbar – ohne Frage – aber sie geschehen, um Seelen zu erheben, sie wachsen zu lassen in den Erfahrungen, die sie jetzt gerade in dieser Form so und nicht anders brauchen. Auch wenn uns das entsetzlich vorkommt. Ich bin sicher, der große Plan ist LIEBE, ist FÜRSORGE.

Und ich bin getrennt von GOTT, weil ich Mensch bin und meine Seele menschliche Erfahrungen machen muss. Die

Zeit wird kommen, da werde ich in IHN gehen und jeder andere zu seiner Zeit. Wartet's doch ab. Seid wachsam beim Lernen und lebet die Liebe – alles Andere lasset in SEINER Obhut, in SEINEN Händen. Denn wir beten: DEIN WILLE GESCHEHE! So sei es! Amen.

Eine Traumbotschaft der ganz besonderen Art kommt zu mir:

> UND LEHRET AUCH DIE MENSCHEN
> ZU DIENEN UND EINANDER ZU HELFEN
> DAS IST DIE EINZIGE AUFGABE
> DER EINZIGE SINN AUF DIESER WELT

Wie sollte ich da leiden? Wenn alles seinen wohlgemeinten Sinn hat! Weder mein irdisches Leben noch meine Gottgläubigkeit sind Quelle von Leid. Mir geht es so gut: Ich darf mit liebevollen Menschen um mich herum leben und habe mehr als ich brauche. Überall sehe ich GOTTES Fügung in meinem Leben, sehe, wie ER alles wohl für mich ordnet. Schon als Jugendliche wusste ich: ES IST GUT FÜR UNS GESORGT. Wie sollte ich da leiden? Und ich frage Mutter Meera in einem Brief, ob es notwendig sei für ein wesentliches Leben, dass ich leide. Mache ich etwas falsch?

Wenn ich einmal Leid erlebe, wie zum Beispiel in den 5B Bergen-Erfahrungen, dann verwandelt es sich nach einiger Zeit in Erkenntnis, in Stärke und Kraft. Und in GOTTES-Sicherheit. Mein Leben fühlt sich hinterher so viel fundierter an. Die Vereinigung mit GOTT, nach der manche Menschen eine brennende Sehnsucht fühlen, die kann ich gut abwarten. ER wird es schon zu passender Zeit einrichten, wenn ich hier in der Dualität all meine Aufgaben erledigt habe. Muss ich leiden, um zu IHM zu kommen?

„Wie heißt mein Weg?" Diese Frage schreibe ich auf ein Kärtchen und nehme es mit zum Darshan, um eine Antwort zu erbitten. Muss ich leiden oder dienen oder noch etwas Anderes? Schon auf der Hinfahrt weiß ich sie: DIENEN.

Mein Ego meutert und sucht einen Fluchtweg: diese Antwort ist nicht im Darshan gekommen, sie gilt nicht. Doch ich weiß: Mein Weg heißt DIENEN. Nicht: leiden – und auch nichts Anderes. Denen dienen, die das Leid tragen. Welch Herausforderung für mich! Vor dem Leid anderer habe ich Angst. Ich mag gar nicht hinschauen. Ich weiß um diesen „Stolperstein", der mir immer im Weg steht und verhindert, dass ich fürsorglich und liebevoll meinen Mitmenschen diene. Ich kenne auch seinen Ursprung und weiß, dass ich ihn auflösen sollte. Doch da sitzt so ein dickes Paket an Emotionen, dass ich mich nicht traue, genauer hinzuschauen. Es ist entstanden in meiner Jugendzeit. Wenn meine Mutter an ihrem Leben verzweifelte und in Wahnvorstellungen flüchtete, die bodenloses Leid spüren ließen, hatte ich tiefe Angst. Angst vor „nie wieder Licht" für ihr Leben und auch für mich. Diese Angst blockiert mich noch heute.

Als der Nachbar plötzlich gestorben ist, bin ich voll Mitgefühl für seine Frau und weiche ihr doch aus. Ich traue mich nicht, ihr Leid anzusehen, fürchte den eigenen inneren Schmerz und meine Hilflosigkeit. Was soll ich sagen? David kann wie selbstverständlich zu ihr gehen, findet liebevolle, mitfühlende Worte und lichte Klarheit entsteht. Durch mein Versteck-Spiel erzeuge ich Verwirrung und eigentlich noch mehr Leid, als schon da ist. Aber ich schaffe den Schritt hinaus nicht. Da ist zu viel Angst in mir.

Den Leidtragenden dienen. Ich komme mir vor, wie ein Häschen, das man angestupst hat und das sich erst einmal duckt und still lauernd sitzen bleibt. Unfähig JA zu sagen. Unmöglich NEIN zu sagen. Wissend um die tausend Fehler, die folgen werden. Ihre Last drückt schon im Voraus.

~~~

Am 12. August 1997 machen David und ich einen lang gehegten Traum wahr: Weiter gehen, immer weiter gehen durch die Freiheit der Natur, durchweht von Gottes Atem. Lange bevor der Jakobsweg von Tausenden von Menschen pro Jahr begangen wird, lange bevor der Sternenwegweiser in allen Teilen Deutschlands an jeder Ecke zu finden ist, erfahre ich „zufällig" von seiner Existenz. Und mein Traum bekommt im wahrsten Sinne „Boden unter den Füßen". Wir kombinieren alle zeitlichen und konditionellen Bedingungen mit unserer Sehnsucht und unseren Wünschen und finden unsere ganz persönliche Form: mit Zelt von Straßburg bis Santiago de Compostela in Sommer-Etappen von ungefähr zehn Tagen Länge.

1997 führt uns der Weg von Obernai bei Straßburg bis nach Martigny-les-Bains. Vielfältig sind die Eindrücke, vielfältig die Naturerfahrungen. Körper-Qualen bedrängen mich. Ich gehe. Ich gehe trotzdem. Obwohl alles weh tut, obwohl keine Kraft da ist, obwohl der Einklang nicht zu finden ist. Das Nicht-Wollen immer wieder überwinden – tausendfach am Tag. Disziplin.

Ich suche meine Mitte, die Balance zwischen mir und meinem Schritt und meinem Atem und meinem Gepäck, zwischen mir und dem Weg. Wenn ich offen bin für das goldene Lichtband nach „oben" und fließe mitten im Einklang, jubelt unbändige Freude in mir und es ist, als würden mir Flügel wachsen, die mich fliegen lassen hügelan. Oh GOTT! Ich geh den Weg, um an DICH zu denken.

Steinige Steilstücke, brodelnde Gewitter, Regenfluten und Hagelschmerzgeprassel. Runde Bergkuppen umschwabert von nassen Wasserwolken wie Weltwerdung. Mühsam setzen wir Fuß vor Fuß. Längst ist alles an uns nass. Außen vom Wetter, innen vom Schwitzen in der Regenkleidung.

Gehen, immer weiter gehen. Bis zur vermeintlichen Leistungsgrenze.

Wenn gegen Abend meine Kraft flau wird, brauche ich viel Willensstärke um durchzuhalten. So ist es auch am sechsten Tag unserer diesjährigen Etappe. Wir würden so gern auf dem Ballon d'Alsass übernachten, aber bis dahin sind es noch gute zwei Stunden Weg und ich bin jetzt schon am Ende. David nimmt mir etwas Gepäck ab, ich nehme mir das schlechte Gewissen dafür ab und den Zeitdruck. Ich lasse mich ein. Ich gehe. Immer weiter. Automatisch. Und ich halte durch! Grenzerweiterung.

Die Madonnen-Statue unterhalb des Ballon-Gipfels empfängt uns mit ihrer Lieblichkeit und Hingabe. Die

sinkende Sonne zaubert einen Lichtkranz um ihren Kopf, ihre Heiligkeit scheint uns tief ins Herz. Die Anstrengung der letzten Wegstrecke fließt im Nu von mir und Ergriffenheit schenkt mir Frieden. Wie gut, dass ich durchgehalten habe! Der Vollmond geht auf und schiebt sich lächelnd über den Rand der runden Bergkuppen. Dick und fett. Gegenüber versinkt die Sonne rotglühend hinter dem Horizont. Und ich liege im Zelt ganz oben auf dem Ballon d'Alsass. Durch den einen Zelteingang scheint dieser orangene Mond, durch den anderen die flammende Sonne. Es ist zum Verrücktwerden schön! Und am nächsten Morgen? Umgekehrt: der Mond versinkt und die Sonne geht auf – und ich mittendrin!
Diese Naturerfahrungen stärken mich für all die Aufgaben des Alltags. Entspannung glättet die inneren Wogen und schenkt mir Zuversicht.

~~~

Einige Monate später fahren wir auf überfüllter Autobahn zum nächsten Darshan-Besuch. Ein Stau nach dem anderen bremst uns. Sollen wir nicht ankommen? In einer Baustelle verpassen wir den richtigen Weg. Die Zeit wird knapp. Ich bemühe mich um Gelassenheit, doch meine Gedanken kreisen um das Wenn. Wenn wir nun nicht rechtzeitig bei Mutter Meera sein werden? An meinem Blickfeldrand leuchtet ein blaues Licht auf: loslassen. Dieses Zeichen begleitet mich nun schon seit unserer Renovierung des alten Hauses. Immer deutet es daraufhin, dass ich mich nicht versteifen soll, dass Loslassen angesagt ist. Wieder stimmt es: wir kommen rechtzeitig an. Auf den letzten Drücker – wie üblich bei Mutter Meera. Adilakshmi begrüßt uns strahlend. Sie sagt zu David: „Ja, du!" Und zu mir: „Und du auch!" Die Einzelbegrüßung tut mir gut, denn hier fühle ich mich immer als Anhängsel von David. Schließlich war es sein Ruf, der uns zu Mutter Meera führte und ich fuhr nur mit. Außerdem plage ich mich mit dem Gefühl, weniger wert zu sein als er. Es ist zwar immer Scherz, wenn ich zu ihm sage: „Du bist viel weiter als ich" (im spirituellen Sinn), aber ganz verborgen ist es doch Ernst. Danke, Adilakshmi. Ob sie meine geheimen Gedanken kennt? Wieder sitze ich auf meinem Lieblingsplatz. Alle Menschen, die in den Raum kommen, sehen so liebenswert aus! Ich muss erstaunlicherweise gar nicht über sie meckern! Ich genieße den Darshan, Mutters Energie, die konzentrierte Stille und all die lieben Menschen.

Meine Schmetterlingsfee strahlt vor Glück.

Plötzlich sehe ich das Gesicht von Mutter Meera als venezianische Maske. Die Haut ist ganz weiß, die Lippen leuchten akzentuiert rot. Ganz fein gemalt ist dieses Gesicht. Wie ein Harlekin. Ich bin ganz erschrocken. Sehe ich Mutter Meera als Clown? Der Gedanke findet keinen Widerhall in mir. Stattdessen erinnere ich mich an einen Traum, der im vergangenen Jahr zwischen zwei Darshans zu mir kam: dort war über dem Gesicht von Mutter Meera ein Holzbrett mit grob ausgeschnittenen Löchern für die Augen und den Mund. Damals wusste ich, dass ich das wahre Gesicht von Mutter Meera noch nicht gefunden hatte. Die venezianische Maske nun zeigt mir,

127

dass ich SIE differenzierter sehe, aber immer noch ist eine Schicht vor dem Gesicht. Oder sehe ich mein Selbst differenzierter, aber immer noch hinter einer Maske?

Als meine Konzentration gegen Ende des Darshans nachlässt und ich nicht mehr meditieren kann, schaue ich Mutter Meera zu, wie SIE einen nach dem anderen empfängt und ihm Darshan schenkt. Ich traue meinen Augen nicht: SIE hat zwei Münder!? Der eine Mund hat die Lippen geschlossen, so wie ich ihn normal sehe. Auf diesem Mund ist noch ein Mund, dessen Lippen sich bewegen wie beim Sprechen! Mutter Meera scheint zu jedem, der zu Ihr kommt, zu sprechen!? Eine Frau nickt sogar, als hätte sie verstanden. Zu den Lippenbewegungen höre ich im Geiste Davids Mantra-Gemurmel „om mani padme hum".

Was ist Wahrnehmung? Alles sehr seltsam.

Auf der Fahrt zum zweiten Darshan sind alle Ampeln rot und ich werde wieder ganz kribbelig. Aber wir kommen rechtzeitig an. Nach der Begrüßung bittet Adilakshmi uns in den kleinen Verkaufsraum und schenkt jedem von uns eine goldene Kette mit einem Mutter-Meera-Anhänger und ein T-Shirt mit Mutter Meeras Kopf drauf. Ich bin ganz durcheinander, denn vor kurzem hatte ich in den Läden in Bremen nach einem Medaillon gesucht, in das ich ein Foto von Mutter Meera legen kann. Und nun schenkt SIE mir eine ähnliche Kette! Aber offen soll ich Ihr Bild tragen, nicht versteckt in einem Medaillon! In Gedanken stelle ich mir vor, mit dem T-Shirt durch Weiladingen zu gehen oder es beim Schwimm-Unterricht zu tragen! Die zu erwartende Empörung der Leute belustigt mich, aber die Angst vor Problemen hält mich zurück, es wirklich zu tun. Die Kette wohnt fortan unter meinem Pullover und das T-Shirt ziehe ich als Nachthemd an.

Während des Darshans habe ich wechselnde Schmerzen im ganzen Körper, so als würde SIE in mir aufräumen. Ich werde ganz weit und licht. Selbst mein Bauch wird innen hell, wo ich ihn sonst immer als undurchdringlich, voll und dunkel wahrnahm. Nun ist er eine leuchtend weiße Höhle voll Licht. So weit und hell gehe ich zu Ihr, lege sanft meine Hände auf Ihre Füße – so, wie es erlaubt ist – und neige meinen Kopf. Ihre Füße zucken unter meinen Händen! Bin ich zu schwer? Ist es der Puls Ihrer Energie? Was hat es zu bedeuten? Ist Wohlgefallen in Ihrem Blick heute – oder spinnt mein Ego? Ich bin so leer, dass ich fast vergesse zu sagen: dein Wille geschehe. Tiefer Friede ist in mir.

~~~

In den nächsten Wochen bis zum Weihnachtsdarshan 1997 erreichen mich Träume, die den weiteren Weg aufzeigen. Neben meiner Arbeit in der Schule wird mir empfohlen, mich mehr um meine innere Schule zu kümmern, Japa zu machen und den alten Baum, der am Flussufer unterspült wurde, wegschwimmen zu lassen, d.h. alte Lebenseinstellungen sollte ich verabschieden. Die Öffnung nach oben zum Licht wäre sinnvoll, doch kann sie noch nicht realisiert werden. Ich kann nicht fließen, bin steif und eckig, habe keine passenden Schuhe oder trage die falschen. So sagen es meine

Träume. Und das ist auch Realität: nach jedem Darshan fühle ich mich gestärkt durch all die Liebe, die ich tanken durfte, durch die „Medizin", die Mutter Meera mir schenkt. Zurück im Schulalltag erobert mich wieder die wilde, zu Aggressionen bereite Atmosphäre Stück für Stück. Mich plagt der „Affenstall" der verschiedenen, auf unterschiedliche Ziele ausgerichteten Interessen. Schüler und Lehrer gehen nicht in dieselbe Richtung, müssen aber einen Konsens finden, sprich festgesetzte Lernziele erreichen. Ein ewiges Ringen. Ich fühle mich fremd in diesem Kampf und kann ihn doch so gut mitfechten. Sofort ist der Herrscher der Tatkraft wieder obenauf und die Schmetterlingsfee hat keinen Raum mehr in mir.

Dann erschüttert mich ein mächtiger Traum:

Konrektor und Rektor schimpfen mit dem kleinen Roland aus dem sechsten Schuljahr. Er stolpert davon und wir sagen: „So hat man es sein ganzes Leben gemacht. Da er so niedlich und witzig ist, hat man sich immer an ihm ergötzt. Schon als kleines Kind hat man ihm Alkohol gegeben, denn dann war er noch witziger. Und so ging es fort und dieser Nichts-Nutz ist aus ihm geworden. Immer zu Possen und Albernheiten aufgelegt, aber nicht in der Lage etwas Vernünftiges zu lernen."

Die beiden Männer sind zornig. Sie öffnen die Tür und ordern ihn herein. Sie packen an, ziehen und schleppen ihn. Stolpernd kommt Roland als ein sehr dusterer Mann herein und liegt als großer Klumpen auf dem Boden. Ich kann das nicht aushalten. Mich zieht es mit Macht zu ihm. Die Männer schimpfen

weiter, während ich zu ihm auf den Boden sinke. Fast
zerbreche ich vor Leid. Ich ziehe ihn in meine Arme und mein
Gesicht verzerrt sich vor innerem Schmerz. Er nimmt die
Umarmung an und hält sich an mir fest. Leise wiege ich ihn,
während mein Herz unmäßig schreit und weint. Lange bleiben
wir so.

Nun verwandelt sich der Mann in meinen Armen in JESUS.
Ich halte Jesus in meinen Armen und wiege ihn! Mein Gesicht
bleibt verzerrt, aber jetzt ist es göttlicher Schmerz, den ich
erlebe. Es sprengt mich fast, ist mehr, als ich aushalten kann.
Vergehen Stunden? Tage?

Jesus ist groß, mächtig und kräftig – und er hält mich, wie
ich weine und weine im Schmerz. Dann, nach langer Zeit, löst
er sich auf. Er ist wieder der Mann, aber er ist ein anderer.

Ergriffen-Sein und Staunen und Friede.

Der Satz kommt:

DAS IST DAS MYSTERIUM.

Und ich weiß: der Traum kommt nicht von Mutter
Meera. Er kommt von GOTT. Aber SIE hat ihn möglich
gemacht. Unter allem Erleben liegt in den nächsten
Tagen ein dunkelblauer Samt, der meine Schnelligkeit
schluckt. Meine Ergriffenheit weint schmerzvoll und
lächelt glückselig gleichzeitig. Es ist, als sei es eins. Mein
Ego hat keine Chance, diese Zeitlosigkeit, diese Ein-und-
alles-Stimmung zu strukturieren. Erstaunt stellt es fest,
dass das Leben trotzdem funktioniert und gar nichts
Schlimmes passiert. Im Gegenteil: es ist eher
belustigend, wenn alles so „schwimmt". Dann sehe ich
diesen Schüler Roland, den es in Wirklichkeit gibt, in der

Schule. Von weither schaue ich ihn an und erwarte seine Wandlung in Jesus. Meine Augen fragen ihn, wer bist du denn eigentlich? Kann ich eine Spur von Veränderung an ihm finden?

Und ein anderer Schüler wandelt sich vor meinem inneren Auge in Jesus. Und ebenso eine Freundin.

Was ist Wirklichkeit? Träum ich? Wach ich?

Und Tränen quellen in mir für diesen Traum: so tief, so groß, so unfassbar. Möchte meinen beiden liebsten Kolleginnen erzählen, möchte ihnen sagen:

Mir ist Jesus erschienen − möchte künden von dem WUNDER, das mir widerfuhr. Und weiß doch, es ist ganz unmöglich.

Niemand würde verstehen. Ich verstehe ja selbst nicht. Fühle nur. Ein tiefes Gefühl, das eigentlich ein Erdbeben oder einen ohrenbetäubenden Knall zur Folge haben müsste! Aber alles geht weiter wie normal. Nur ich bin erbebt und nicht mehr wie vorher.

Einige Tage später kann ich neben diesem Wunder der Jesus-Erscheinung noch eine andere Ebene erkennen. Roland könnte auch mein Ego sein! Sie haben beide die gleiche Ungestümheit, das gleiche „Zuviel" und sind nicht zu bändigen. Wenn es mir gelingt, mein Ego voll Mitgefühl zu umarmen und zu wiegen, verwandelt es sich in eine göttliche Kraft, die groß und mächtig ist wie Jesus. In meinem Ego ist die Jesus-Kraft enthalten! Ich bin erschüttert.

Das ist die Lösung: Voll Liebe in den Armen wiegen! Das heißt, mein Herz öffnen für ALLE Menschen − auch für mich und mein Ego. Und für jeden, der Leid trägt. Dann würde der Herrscher der Tatkraft seine Übermacht einbüßen.

Oh Jesus, dass das so schwer ist!

~~~

Die nächste Etappe unseres Jakobswegs startet 1998 bei Hitze und Dürre in Martigny-les-Bains. Bäume und Büsche lassen die Blätter hängen, die Erde reißt vor Trockenheit, kein Vogelgesang tanzt durch die Luft. Wasser. Die Natur wartet stumm auf Wasser. Sie harrt aus. Mir läuft das Wasser in Strömen am Leib entlang, aber meine Kehle vertrocknet: Wasser! Literweise kippe ich diese Köstlichkeit in mich hinein. Und dann nach Tagen der Dürre: Regen! Endlich Regen. Die Pflanzen scheinen trotz des trüben Tageslichts zu strahlen. Glanz regnet auf die Blätter und füllt deren Erschöpfung langsam mit frischem Nass. Nass sind auch wir, auf der Regenkleidung und innerhalb der Regenkleidung. Wasser, überall Wasser. Ich kann mich nicht davor schützen, aber ich kann es ertragen. „So ist das also."

Der 24. August ist unser zehnter Hochzeitstag. Doch leider schenkt er uns kein Festtagswetter. Es regnet immer kräftiger. Im nächsten Ort müssen wir Brot und Wasser besorgen, denn unsere Vorräte sind erschöpft. Der Ort wirkt leer und tot. Wo ist das Gasthaus, von dem unser Wanderführer schreibt? Missmutig tippeln wir weiter. An einem der letzten Häuser geht plötzlich ein Fenster auf und eine freundliche alte Frau grüßt uns. Wir dürfen ihr unsere Wasserflaschen reichen, die sie freudig für uns füllt. Sie ist ganz im Glück uns helfen zu können.

Wir plaudern eine Weile. Sie bietet uns Brot an, als wüsste sie, dass wir welches brauchen. Verlegen lehnen wir ab. Sie bietet uns Schokolade an! David lehnt ab, ich nicke. Flink verschwindet sie mit kleinen hüpfenden Trippelschrittchen im Zimmer und sofort ist es mir peinlich, ja gesagt zu haben. Hoffentlich kommt sie nicht mit einer großen Tafel! Nein. Sie reicht ein kleines Schächtelchen aus dem Fenster, in dem ganz kleine einzeln verpackte Täfelchen liegen, wie ich sie aus Kindertagen kenne. Jeder darf sich eins auswählen. Dann reichen wir das Schächtelchen zurück. Ganz beglückt trennen wir uns.

Stunden später, inzwischen sind wir pitschnass, machen wir uns erneut auf Brotsuche. Aber auch in diesem Ort ist kein Laden zu finden. Unsere Stimmung ist auf dem Nullpunkt. Alles ist nass und grau und trüb. Ich brauche eine Pause, aber zum Sitzen ist es zu kalt und zu nass.

Ich weiß, warum wir kein Brot bekommen. Weil wir das Angebot der netten Dame abgelehnt haben. Mutter Meera hat durch sie für uns sorgen wollen, aber wir haben nein gesagt. Annehmen. Ich darf annehmen, was mir angeboten wird. Schließlich setze ich mich erschöpft auf eine Hofmauer, egal, ob mein Po noch nasser wird. Nach fast einer Stunde stehen wir auf, um noch einmal jemanden nach einem Bäcker zu fragen. Da kommt aus dem Tor, vor dem wir die ganze Zeit gesessen haben, eine Frau mit ihrer Mutter und ihrer Tochter. „Nein, hier im Dorf gibt es nur noch ein Restaurant und das hat Ferien", erklärt sie uns mit Bedauern. Sie bietet uns tiefgefrorenes Brot an. Diesmal nehmen wir an. Ich hüte das Baguette unter meiner Regenjacke wie einen goldenen Schatz, bis es aufgetaut ist. Nie hat mir ein Brot besser geschmeckt!

Danke, Mutter Meera.

Seitdem bitte ich mit einem neuen Verständnis:

Unser täglich Brot gib uns heute.

Die nächsten zwei Jahre vergehen im alten Auf und Ab. Ich tanke bei Mutter Meera. Ich erschöpfe in der Schule. Meine Träume könnten Wegweiser sein, doch es gelingt mir nicht, ihre Botschaften in mein Handeln zu integrieren. Und so beginnt das neue Jahrtausend mit Desorientierung. Das bisher Erkannte verlöscht und der Weg der Liebe verschleiert sich für mich. Unzufriedenheit verdüstert meinen Blick.

In mir sind zwei: Mir ist, ich weiß nicht wie; bin müde beim Wachsein; bin traurig und doch nicht. Da ist weder Licht noch Dunkel. Weder warm noch kalt. Da ist nichts. Dieses Nichts macht mich ganz leer. Und da ist diese gigantische, erbarmungslose Unzufriedenheit, die alles und jedes in den Dreck zieht und immer nur nörgelt.

Die Eine in mir ist wie eine innere, friedliche Wortlosigkeit, ein „Nicht-Sein" oder „Pur-Sein" und dagegen giftet die Andere, die Unzufriedenheit. Sie will bestimmen und kann sich nicht in diese Gedanken-Stille fügen; will ergreifen und machen und will und will und will. Oder sagt sie: „Ich will nicht"? Sie ist die kleine Schwester des KZ in mir. Sie ist etwas weicher, nicht mehr ganz so vernichtend, aber bei Weitem noch nicht friedlich und liebevoll.

„Zufällig" lese ich in dem Buch „Gespräche mit Gott" von N. D. Walsch, dass jeder wohlgeschaffen und heilig sei, weil GOTT niemanden unzulänglich erschaffen hat. Das entlastet mich sehr! Ich darf so sein! So, wie ich jetzt grad bin: mit all der Trauer und Verzweiflung über mich und mit der Unzufriedenheit in mir. Ich darf mich annehmen, so wie ich bin. Früher als Kind meines Vaters hatte ich immer das Gefühl, ich müsste anders werden; ich sei nicht richtig, so wie ich bin. Heute, beim Lesen von spirituellen Büchern, die den Weg zu GOTT aufzeigen, denke ich entmutigt: ich bin immer noch nicht richtig. Ich muss besser werden, um zu genügen.

Ist dieser Zusammenhang eine Quelle für meine Unzufriedenheit, die mich manchmal scheinbar grundlos überfällt? Unzufriedenheit, weil ich tief innen mit mir nicht zufrieden bin? Weil ich meine, erst wenn... dann bin ich gut genug? Mutter Meera empfängt jeden, so wie er ist, schenkt jedem Liebe und sagt nicht, komm wieder, wenn... Mit der gleichen Liebe darf ich mich selbst annehmen. Ich darf mich liebhaben, auch wenn ich Alkohol trinke, Fisch esse und Zigaretten rauche, obwohl David all diese „Laster" schon lange abgelegt hat. Ich darf leben, wie es für mich jetzt grad stimmig ist und muss nicht so sein wie er. Vielleicht sind diese Äußerlichkeiten des Lebenswandels gar nicht wichtig? Ich darf mich liebhaben mit all meinen schwierigen Verhaltensweisen.

Und es kommt noch herausfordernder! Verglichen mit der wünschenswerten Selbstliebe erschüttert es mich in viel tieferen Tiefen:

Der Weg, den wir gehen, wird immer steiler. Schließlich ist er eine Felswand. Bastian (ein befreundeter Bergsteiger) hat ein Seil gespannt, an dem wir uns nach oben arbeiten. Mitten in der Wand heißt es, dass das Seil jetzt abgenommen wird. Ich bin ganz überrascht: Das ist doch nicht möglich! Die Felswand ist überhängend und das Seil meine einzige Möglichkeit, mich festzuhalten! Ich schaue hinunter. Endlos weit geht es in den Abgrund. Dorthin würde ich fallen! Ich bin außer mir vor Angst und Empörung.

Dann lösen sich die Traumbilder auf und das Wissen ist da: das Seil wird jetzt entfernt. Die nächsten Bilder zeigen:

Wir sind kurz vorm Gipfel und gehen ganz bequem auf die Kuppe. Irgendwie sind wir hochgekommen — ohne Seil am überhängenden Fels. Oben ist helles Licht und Freude.

Beim Aufwachen weiß ich, diese Bilder beschreiben meinen spirituellen Weg. Ich muss bereit sein über dem Abgrund zu hängen, der kilometerweit hinunter geht, muss alle äußeren Sicherungen aufgeben und alles loslassen bis hin zu: „das geht doch gar nicht". Und ich muss bereit sein, aufs Wissen zu verzichten, keine Bilder, kein Verstehen zu haben, die Halt bieten. Blindes Vertrauen ist gefordert.
Oh Mutter Meera, das macht mir Angst! Was ist, wenn meine spirituelle Entwicklung dazu führt, dass ich nicht mehr zur Schule gehen kann? Wenn alles Funktionieren ausfällt? Wartet die „Dunkle Nacht der Seele", von der Mystiker berichten, auf mich? Ich habe große Angst und das Nein liegt mir auf der Zunge, um zu stoppen, was sich anbahnt. Und ich weiß doch, dass ich Ja sagen werde. Irgendwann.
Vorerst schwimme ich weiter zwischen dieser Stille in mir und der gnadenlosen Unzufriedenheit.

139

Dann, im Oster-Darshan des Jahres 2000, bin ich voller Not. Was soll ich Ihr sagen? Um was bitten nach diesem Traum!? Wie kann ich Ihr in die Augen sehen? Wie die Gefühle aushalten? Wund gehe ich zu Ihr. Da entsteht die einzig wichtige Frage: „Hältst du mich?"
Ich knie vor Ihr.
SIE nimmt meinen Kopf.
SIE sieht mir in die Augen.
Und schließt Ihre Augenlider einmal langsam.
Ihr Blick ist ernst, sehr ernst.
„Hältst du mich?" - JA.

In der Nacht wandelt sich meine Angst in Vertrauen und ich weiß am nächsten Tag: Heute sage ich „ja". Ja zu diesem Weg. Ja zu Mutter Meera. Doch wie?
Als ich vor Ihr knie, wirbeln die Sätze in mir durcheinander. Mein Kopf ruht in Ihren Händen. Ich will gleichzeitig bitten und danken. Hab ich jetzt gesagt: „Bitte nimm das Seil weg" oder „Bitte führe mich in den Steilhang"? Da muss ich schon den Kopf heben und SIE anschauen. Plötzlich sagt es in mir: „Ich bin DEIN Kind. Mach mit mir, was DU…" Wer will? SIE? Ich? Und ist der Satz nicht zu unverschämt? Dein Wille geschehe? Trifft der Satz, was ich meine? Große Verwirrung. Schon sitze ich wieder auf meinem Stuhl. Hab ich jetzt gesagt, was ich sagen wollte? Eine leise Gewissheit meldet sich in mir: Mutter Meera weiß es. All mein Wirrwarr und all diese schiefen Sätze bringe ich dar. Es ist meine letzte Rettung. SIE weiß.

Ostern.

Auferstehung.

Ein neues Sein.

Neue Dimensionen.

Ich habe mich Mutter Meera überantwortet, sage JA zu Ihrer Führung. Ich vertraue und weiß, dass es richtig ist. Mit Ihrer Hilfe kann ich den Steilhang ohne Seil und Sicherung überwinden.

In Ihren Händen kann mein Werden gelingen.

SIE ist mein Halt.

Mit diesen Erfahrungen kehren wir zurück in unseren Weiladinger Alltag. Tatsächlich nimmt dieser in den nächsten zwei Monaten einen ruhigen Verlauf! Auch mal schön. Nur die ganz normale Anspannung zum Schuljahrsbeginn ist zu bewältigen, aber darin habe ich ja nach circa zwanzigjähriger Lehrerzeit Erfahrung.

Erst Anfang November geht meine Stimmung wieder bergab, tobt meine Unzufriedenheit erneut in mir. Sie beginnt mit lächerlichen Kleinigkeiten: ich sage etwas – David versteht mich akustisch nicht – ich muss wiederholen. Etwas später sage ich wieder etwas – er versteht nicht – widerwillig wiederhole ich. „Kann er denn nicht gleich richtig zuhören!?" Dann passiert noch eine Kleinigkeit anders, als ich es erwarte – und meine Zerstörungskraft überwältigt mich so, dass ich den Ausweg nicht mehr schaffe. Unzufriedenheit und Ärger über mich selbst wechseln sich ab. Der Tag ist im Eimer. Weh und Weinerlichkeit überfluten mich.

Warum? Wie kann ich es stoppen, wie es auflösen?

Sai Baba sagt: „Sieh Unzufriedenheit *immer* als ein Warnsignal an, das dich darauf hinweist, dass du *unbedingt* etwas unternehmen, d.h. in den meisten Fällen, dass du deine Einstellung verändern musst." und: „Unzufriedenheit gehört zum Ego." (Sai Baba spricht zum Westen, Seite 350)
Sai Baba empfiehlt, dem Partner Vergebung zu schenken. Und sich selbst. Könnte ich doch tolerant und geduldig mit Davids Verhalten sein! Doch in mir tobt Widerstand gegen den Gedanken der Vergebung, woran ich erkenne, dass Sai Baba recht hat. Vergebung?! „Ich will nicht!", sagt mein Ego. „Soll David doch…" Erst wenn ich aus den Turbulenzen meiner Gefühle heraus bin, gelingt mir das Erkennen. Emotionslos soll ich erkennen und notwendend handeln. Und wie geht das hier? Was muss ich tun, damit die Not sich wendet?
Meine Vorstellungen lassen sich nicht so einfach verändern! Und wo ist der Grat zu „mein Raum"? Mal muss ich mir und meinen Ideen Raum geben, mal scheint es sinnvoller, meine Ansichten aufzugeben!
Sai Baba spricht vom Unterscheidungsvermögen. Klingt gut. Aber ich finde keinen Weg dorthin. Ich hänge im Steilhang. Mutter Meera! „Hältst du mich?" - JA.

In den folgenden Wochen schwanke ich rauf und runter mit meinen Emotionen, blicke nicht mehr durch und bin erschöpft.

OHNE SEIL IM STEILHANG   heißt: ohne Halt
                          heißt: ohne zu wissen.

Ich muss es so aushalten, wie es ist.
Es gibt nichts anderes.
Ich gehe unter. Ich kann nicht mehr.

Zu allem „Innen" paart sich die Vorweihnachtszeit mit ihrer besonders anstrengenden Energie. Sie erschöpft mich bis zur Mutlosigkeit. Handle ich noch funktional? Es ist mir gleichgültig. Selbst der Weg zu Mutter Meera ist mir zu viel. Die Anstrengung erneuten spirituellen Wachstums erscheint mir unerträglich. Weiter wütet meine Unzufriedenheit gegen David und mich selbst. Ich kann mich nicht aushalten.

Dann fahren wir in Limburg von der Autobahn und Sonnenschein zieht in mir auf. Ich begrüße die kleine ungemütliche Ferienwohnung plötzlich liebevoll und fühle mich leichter.

„Bitte, Mutter, hilf mir in meinem Chaos!", bettle ich im Darshan. In der Nacht weckt mich ein Klingeln. Mitten in der Nacht? Das kann nur bedeuten: jemand braucht dringend Hilfe! Nichts regt sich im Haus. Auch unser Hund liegt still und schläft. Am Morgen stelle ich fest: es gibt gar keine Klingel! Jemand braucht Hilfe mitten in der Nacht. Bin ich das?

Im Silvester-Darshan bitte ich Mutter Meera um ein Zeichen: Wo ist der Ausweg aus meinem Gefühlsbrei? Dreißig Minuten später weiß ich plötzlich: Die Not wendet sich, wenn ich meine Seele pflege. Mit allem Schönen und Genuss und mit Andachten an einem heiligen Altar in meinem Zimmer. Ich schwelge schon bei dem Gedanken! Liebe schwebt durch mich hindurch und Weichheit und Vertrauen. Je mehr Ego die Schule von mir fordert – umso mehr braucht meine Seele achtsame Zuwendung.

Balance. Herrscher der Tatkraft UND Schmetterlingsfee. Ach Fee, dass ich dich immer wieder vernachlässige! Ob sie es war, die nachts bei mir klingelte?

Das Jahr 2001 beginnt für mich voller Tatendrang. Ich könnte sofort nach Hause fahren und meine neuen Beschlüsse verwirklichen. Der persönliche Tagesplan lockt mich am meisten. Wann ist Arbeitszeit, wann gehe ich mit dem Hund spazieren, wann ordne ich den Garten? Das hört sich für mich erfolgversprechend an. Doch schon gegen Abend bin ich nicht mehr so euphorisch. Ob es mir gelingen wird mit Disziplin Spielraum für meine Seele zu gewinnen? Plane ich die Freiheit? Im Darshan bitte ich Mutter Meera um Hilfe bei der Arbeitsdisziplin. Seitdem bin ich verzagt, weinerlich und ziellos. Mir schwimmen die Gedanken ins Nirgendwo und ich bin unfähig zu einer Tat. Was ist nun wieder? Ich bitte SIE um Hilfe bei der Arbeitsdisziplin und SIE macht mich weich und unorganisiert!? Genau das Gegenteil von Tatkraft entsteht in mir. Ist der Weg der Disziplin nicht richtig? Was wird aus mir in den nächsten Tagen? So, wie ich jetzt seit vierundzwanzig Stunden bin, kann ich auf keinen Fall tatkräftig organisieren!

Dann sind die Weihnachtsferien zuende. Die Schule beginnt und ich beobachte mein Tun argwöhnisch. Packt mich der alte Trott? Gelingt mir Achtsamkeit? Der Alltag gibt mir Antwort: Wir sitzen täglich Punkt neunzehn Uhr in der Meditation und es fällt mir leichter denn je, mein Gedankenkarussell aufzulösen. Ich staune. Meine Stimmung lässt keine „Power" aufkommen. Ich bin eher etwas angeschlagen. Ruhig und konzentriert arbeite ich bis kurz vor sieben Uhr, damit ich die Abendmeditation nicht verpasse. Danach ist Feierabend. Er spendet Kraft. Der Alltag ist schön und klar wie selten vorher. Was geschieht mit mir? Ich beschließe – und im Alltag passiert genau das Gegenteil! Das, was ich mit einem Kraftakt von außen erreichen – erzwingen – wollte, geschieht jetzt von innen heraus, weil ich pünktlich vor Mutter Meeras Foto meditieren will. Ich bleibe weich und ruhig, während mich die Disziplin und der Plan sicher wieder hart gemacht hätten: ich WILL statt ich MUSS. Wie heilsam! Mutter Meera hat mich weich und unorganisiert werden lassen, damit es mir unmöglich ist, schon wieder zu „tatkraften". Nur so kann ich einen neuen Weg finden. Nur so kann ich erkennen, dass es meine Seele war, die nachts um Hilfe gerufen hat. Sie braucht mehr Raum in mir! Ein seltsamer Zustand macht sich in mir breit.

Es gibt keinen Gedanken zu denken.
Es gibt kein Wort zu sagen.
Es gibt nichts zum Festhalten.
Leere

Leere   ohne Weg
         ohne Richtung
         ohne richtig

Aushalten
oder besser: loslassen

Es ist nicht das Fehlen von etwas.
Es ist ein anderes Etwas.

Es muss nicht vorbei gehen,
damit dann wieder etwas ist.

Es ist etwas.

Vertraue

Die nächsten Monate des Jahres 2001 lassen mich weiter verschwimmen. Alle gewohnten Gefühlsregungen sind abwesend. Zeitweise komme ich mir vor wie ein Monster. Das Leben geschieht automatisch, zieht an mir vorüber. Höhen und Tiefen nehme ich als Gegebenes wahr und weiß, wie ich „normalerweise" darauf reagieren würde. Aber jetzt ist nicht „normal". David wird am Knie operiert, stürzt vom Fahrrad, bricht sich das Schlüsselbein, wird wieder operiert, ist weg, ist wieder da. Alles passiert und ich tue, was zu tun ist. Alles ist, wie es ist. Ist es gut oder nicht gut? Wie wichtig ist es, wie ich es finde? Manchmal bin ich unfähig, etwas Sinnvolles mit meiner Zeit anzufangen. Dämmere dahin, am liebsten mit halbgeschlossenen Augen. Kein klarer Gedanke ist in meinem Kopf. Ich träume, kann aber die Botschaft nicht verstehen. Ich frage Freunde, aber sie weichen aus. Wo ist der rote Faden? Bin ich der Liebe unfähig? Oder ist das eine andere Form der Liebe?

Etwas, das sich eher anfühlt wie Akzeptanz, wie JA-Sagen. Es ist. Es verändert sich nicht durch meine Bewertung. Es gibt kein vertrautes Gefühl, wie Trauer, weil David leidet, wie Enttäuschung, weil ich mein geplantes Retreat mit Thich Nhat Hanh absagen muss, keine Freude, weil es David wieder besser geht. Ich nehme alles hin. Ich nehme alles an.

Sogar im Mai-Darshan bei Mutter Meera fühle ich mich wie in einem Film. Alles läuft ab wie gewohnt. Ist es Realität? Sitzt da wirklich Mutter Meera, die Göttliche Mutter? Ich gehe zu Ihr?
In welcher Welt bin ich? Im zweiten Darshan plappert mein Kopf ununterbrochen. Ich weiß nicht, was ich vor zwei Minuten gedacht habe, aber ich denke pausenlos. Verschwende die kostbare Darshan-Zeit. Tagsüber bin ich müde, so müde. Schlafe nachts elf Stunden, quäle mich durch den Vormittag und sinke erschöpft in einen festen Mittagsschlaf. Was ist?
Ich fühle mich unwohl in diesem „Nicht-Wissen-Was-Ist". Ich weiß nur: ich will es durchhalten. SIE wird wissen, wohin es geht. Es wird schon seinen Sinn haben.
Der dritte Darshan trägt mich in ein kraftvolles Niemandsland. Gedanken glimmen fern und ziehen vorbei. Sie lösen sich auf wie Wolken.

> Da ist nichts.
> Oder ich.
> In allem.
> Oder alles in mir.

Still im Niemandsland.

Zurück im Alltag fühle ich mich abgetrennt. Von was? Ich verhalte mich freundlich bis fröhlich und dahinter ist alles gleich-gültig. Nichts bewegt mein Herz wirklich.

Ich sehe, dass die Sonne Tautropfen strahlend erglitzern lässt, aber da ist keine tiefe Freude. Mein Herz bleibt still. Es schlägt einfach weiter, als sei nichts Besonderes. Ich wundere mich über meine „munteren" Sätze. Sie kommen wie ritualisiert aus meinem Mund. Ich verurteile sie: sie sind unwahrhaftig. Aber das stimmt nicht. Ich bin so UND so. Ein Teil erlebt alles und ist „dabei", ein Teil fühlt sich fremd und getrennt. Beides ist wahr. Es ist ein neues Sein.

Fünfzehn lange Monate hält dieser seltsame Zustand an. Fünfzehn Monate hänge ich ohne Wissen im Steilhang, vertraue ich blind.

Vielleicht hat Mutter Meera mich ganz bewusst von allen gewohnten Gefühlen getrennt, um ein Neues zu erschaffen? Um diesen Gedanken-Affenstall in meinem Kopf zu löschen? Gut, dass ich mich an dem besonderen Traum-Erlebnis festhalten kann, das mir vor diesem seltsamen Zustand geschenkt wurde. Damit ich aushalte, was eigentlich kaum auszuhalten ist.

In meinem Tagebuch steht:

Nur schwer lässt sich das, was ich erlebte, in die plumpen Wörter fassen. Der „Traum" spielte in einer Ebene, die hauchzart war. Sie war so anders als die Erdatmosphäre, dass ich Mühe hatte in ihr zu sein und zu bleiben. Noch schwerer fiel es mir, mit hinunterzunehmen, was dort geschah. Nur noch Teilstücke erinnere ich von der Erde aus.

Es sind Straßen da und Menschen gehen ihrer Wege. Jeder seinen. Auf meinem Weg kommt eine Frau zu mir. SIE ist wie Mutter Meera, aber SIE sieht ganz anders aus. Mit Ihr ist Schwerelosigkeit, Schweben, Gleiten, freundliches Fließen. SIE berührt mich körperlich und ich weiß, SIE ist GOTT. Ich bin ganz hilflos, ob der Größe, der Güte dieses Erlebens. Meine Gedanken wirbeln durcheinander: Wie kann ich dieses Geschenk nutzen? Was kann ich fragen, was tun, wo SIE jetzt so nah bei mir ist? Ich weiß, SIE weiß um meine Not. Wir schweben durch die Straßen. David kommt vorbei. Ich drehe sein Gleiten mit der Hand, sodass er mit uns fliegt. Er strahlt. Aber dann ist er schon wieder weg. SIE ist jetzt nur für mich. Eine Welle von Trost durchfließt mich: SIE weiß von meiner Alltags-Müh. SIE sieht und anerkennt. Und SIE lässt mich jetzt Ihr nah sein, damit ich Mut und Kraft schöpfe. Auf dass ich getröstet sei. Mein Alltag wird so bleiben müssen für einen höheren Sinn, den ich nicht kenne. Aber SIE ist bei mir.

Jetzt liegt SIE vor mir auf einem Diwan. Ergriffen flüstere ich: „Ich bin so glücklich, MA!" SIE lächelt, wird dann ernst und sagt freundlich-forschend: „Ja, aber du hast kein Kind." In Sekundenschnelle weiß ich: Meine Kinderlosigkeit ist der höhere Plan – und ich bin einverstanden. Bin auf einer tiefen Ebene einverstanden. Freudestrahlend antworte ich: „Aber sonst alles." Es fühlt sich an, als sei dieser Wortwechsel eine Probe gewesen, eine letzte zu diesem Thema. Und ich habe sie bestanden, aus tiefstem Herzen bestanden.

Nun sind unsere Arme und Köpfe ein verschlungenes Knäuel, aber es gibt keine Berührung. Nur ein einziger Finger von mir spürt irgendwo Ihre Hand. Vorsichtig und scheu nehme ich dort Kontakt zu Ihr auf. Und SIE öffnet sich und schenkt mir die Berührung zurück. Ebenso zart und behutsam. Tränen inniger Liebe fließen in meine Augen.

Beim Aufwachen weiß ich: ich war wirklich bei Ihr. Das war kein herkömmlicher Traum. SIE schenkte mir einen Besuch in Ihrem Reich, in einer anderen Dimension. Ich bin überwältigt.

Voll Achtsamkeit hüte ich diese Zartheit. Sie ist nicht von dieser Welt und wird sich bald verflüchtigen. Danke Mutter Meera, für deine unendliche Gnade und Fürsorge.

Der Trost dieser „Reise" legt sich sanft stärkend unter all die Schatten und Nebel der Monate des Nicht-Wissens. Er hilft mir durchzuhalten. Ich vertraue: Mutter Meera formt mein Werden. Zuversicht und Kraft fließen aus meinem Einverständnis in den höheren Plan der Kinderlosigkeit, die mich so viele Jahre traurig gemacht hat. Eine wichtige Intention meines Lebens ist damit vollendet. Ich weiß es. Und so gelingt es mir, die vielen Monate in Unwissenheit zu ertragen ohne zu zerbrechen.

Wieder leuchtet die Zusicherung von Mutter Meera auf: „Hältst du mich?" - JA. Und Zuversicht erfüllt mich.

~~~

Auf die diesjährige Etappe unseres Jakobswegs freue ich mich besonders, denn ich weiß, das Wandern in der Natur wird mich erden, wird mich zu Ruhe und Ausgeglichenheit zurückführen, wird mein Spüren wieder ermöglichen, das Spüren von Sein. Und tatsächlich schenkt es mir ein Erlebnis, das meine seltsame Stimmung relativiert.

Ich sehe vor uns einen sehr langsam gehenden, alten Mann und einen großen Kräftigen neben ihm. Nur der junge Mann trägt Gepäck, der ältere hat an sich selbst genug zu tragen. Eine Wolke von Krank-Sein umgibt ihn, ich kann sie förmlich riechen. Mit Mühe setzt er Fuß vor Fuß. Würde ich gehen, wäre ich so geschwächt? Meine Bewunderung ist grenzenlos. Mir wird aber auch etwas unwohl in seiner Nähe. Wovor habe ich Angst? Ich kann sein Leid nicht anschauen, nicht aushalten. Mal wieder! Aber es gelingt mir, meine Angst zu überwinden.

Einer Intuition folgend frage ich ihn, ob ihm das Opinel-Taschenmesser gehöre, das ich bei unserer letzten Rast fand. Da strahlt ein Ja-Lächeln über sein Gesicht, das stärker ist all seine Schwäche. In diesem Körper wohnt eine leuchtende Lebens-Gewissheit, lässt die Kraft ahnen, die ihn über diesen Pilgerweg trägt. Wie schön er plötzlich ist! Es macht mich glücklich und mein Leid mit mir schrumpft in seiner Gegenwart und Größe. Buen Camino, kranker, starker Mann! Komm gut an!

Immer wieder beeindrucken mich die vielen verschiedenen Menschen auf dem Pilgerweg. Jeder macht seine ganz eigene Erfahrung und doch scheinen wir alle zu einem großen Ganzen, zu einem

„Organismus" zu gehören, dessen Programm das Pilgern ist. Fragt man mich, warum ich gehe, weiß ich es nicht - und weiß es doch. Ohne Worte. Es ist wie ein Auftrag meiner Seele. Am heiligsten ist mein Weg, wenn wir ganz allein über weite Flächen wandern. Die Einsamkeit in der Natur schenkt mir stillen Frieden. Dann bin ich GOTT am nächsten. Und schöpfe Kraft fürs Weiterleben.

~~~

Einige Monate später malt es mich mal wieder nach langer Zeit. Etwas will an die Bewusstseins-Oberfläche. Zu meinem Erstaunen fließt mit viel Vehemenz eine Spirale aufs Papier. Mächtig kreist sie in rot und lässt mich heftig schnaufen. In unbegreiflicher Eile muss ich die Spirale schwarz überkritzeln. Hin und her jagt mein Stift bis kaum noch rot zu sehen ist. Zerstörungskraft treibt mich.

So lange, wie ich mich zurückerinnern kann, schimmert meine Haut dunkel blau-violett an meinem linken Bein innen an der Fessel. Es gibt Zeiten, da juckt diese Stelle über alle Maßen und ich kratze sie blutig. Während einer Selbsterfahrung musste ich dort eine Spirale einzeichnen und den Satz hinzufügen: Ich will nicht. Inzwischen dient mir dieser Satz als Erkennungszeichen für mein Ego. Fühlt es sich in irgendeiner Form bedroht, wehrt es sich mit „Ich will nicht". Und nun will die Spirale wieder gemalt werden – und gelöscht werden!

Als die Energien ruhig werden, erscheint vor meinem geistigen Auge ein transparenter, goldschimmernder Kelch. Der Grals-Kelch. Verwundert lasse ich das

Geschehen auf mich einwirken. Vor einigen Jahren hatte unser homöopathisch arbeitende Arzt zu mir gesagt: „In Ihren Beinen ist das Alte, der Sumpf. Dahinter kommt das Grals-Schloss." Dieses Bild konnte ich bisher nicht ausloten, es blieb mir fremd. Nun bekommt es Kontur. Die Spirale des „Ich-will-nicht", der Widerstand meines Egos, ist wie ein Sumpf, in dem ich versinken kann. Es gibt aber auch die Möglichkeit, dieses Bild zu löschen – es schwarz zu übermalen, und die Ego-Macht zu brechen. Dann kann der Grals-Kelch aufschimmern in goldenem Schein.

Gold - die Farbe des Göttlichen. Der Grals-Kelch – das Ziel der Gralssuche in der Legende um Parzival und die Ritter der Artus-Runde, die heilige Kostbarkeit. Wenn ich also meinen Ego-Widerstand überwinde, kann ich heiliger GOTTES-Kelch sein. Dann kann Hingabe in mir fließen!

Alles passt zueinander.

Parallel dazu - rein „zufällig" – lese ich bei Sri Aurobindo, dass der „Himmel" nicht etwas ist, was nach dem Leben kommt, sondern dass das GÖTTLICHE im Jetzt, im Menschen manifestiert werden muss. Die Transformation des Menschen in ein GÖTTLICHES Wesen ist das wahre Ziel der Evolution. Derselbe Zusammenhang! Aber wie kann ich das GÖTTLICHE Licht im Alltag verwirklichen? Wie kann ich GOTTES Kelch sein? Ich weiß es nicht. Aber Mutter Meera wird es mir zeigen. Und IHN, GOTT, bitte ich um SEINE Hilfe.

Auf dem Jakobsweg erfuhr ich, wie wichtig es ist, an den Kreuzungen genau zu prüfen, welches der richtige Weg ist. Ich wünsche mir, dass ich an den Lebenskreuzungen innehalte, spüre und erkenne, welches „Dein Wille geschehe" ist. Ohne mein „Ich-will-nicht", diese innere Absage an die Welt. Bei meiner Geburt steckte ich acht Stunden im Geburtskanal, denn „ich will nicht". Ich will nicht in diese Welt. Dieses Nein verhindert das Kelch-Sein, verhindert Hingabe, verhindert Glückseligkeit. „Ich will nicht" war der Start in mein Leben. Aber heute kann ich den Widerstand Mutter Meera/GOTT übergeben. Ich kann „mich übergeben". Im Darshan zum Beispiel. Und Widerstand wird zu Hingabe. Hoffentlich.

Mein Schulalltag serviert mir ein Lehrstück zu diesem Thema! Meine Arbeit ist nur noch Last und Mühsal. Es hat alles keinen Sinn, weil sich nichts zum Guten wendet. Ich bin der Schule müde. Im Gespräch mit David taucht ein Lösungsweg auf: die Früchte der Arbeit loslassen.
Natürlich protestiert mein Ego, doch schon bald sehe ich, dass mein Leiden entsteht, weil die Schüler nicht so sind, wie ich sie gern hätte. Oder: „Ich will nicht", dass sie so sind, wie sie sind. Bei der jetzigen achten Klasse heißt das konkret: Jetzt „hab ich sie endlich soweit", dass ich fast normal Unterricht machen kann, jetzt beiße ich mich fest an anderen Faktoren, die mir nicht gefallen. Sie lernen einfach nicht genug. Nicht, weil sie „dumm" wären. Das könnte ich leichter akzeptieren. Nein, ihr Lernerfolg ist schlecht, weil sie sich nicht zur rechten Zeit konzentrieren und alles als unwichtigen Spaß ansehen, obwohl ihr beruflicher Erfolg und damit auch ihr privates Leben davon abhängen werden. Sie sehen das nicht. Und ich kann es nicht aushalten. Ich kann nicht ertragen, dass

sie schulisch so erfolglos sind, obwohl ich mich so anstrenge und so eine „gute Lehrerin" bin.

Von den Früchten meines Handelns Abstand nehmen! Es fällt mir so schwer, alles zu geben und nichts zu erwarten.

Aber gerade das Loslassen des Erfolgs ist die Antwort auf meine Frage: Wie mach ich das: Kelch-Sein, Hingabe, Auflösen des Ich-will-nicht?

Mein schwarzes Loch bleibt. Trotz dieser Erkenntnis.

Die Gefühle schmoren noch.

Verzweiflung ist
Leid
Leid ist
Lehrstück
Lehrstück ist
Chance

Aber jetzt ist
Verzweiflung
Schwere und Schwarz

Und ich bin
so fern
von mir und GOTT

Gehen - obwohl alles weh tut.
Aushalten.

Unverhofft und unvermittelt wünscht mir der Vater eines Schülers am Telefon: viel Kraft, viel Mut, viel Geduld. „Zufällig". Danke, GOTT.
Und noch ein Trost wird mir in einem Traum geschenkt, in dem ich Göttliches Wasser trinken darf. Es ist gut für mich gesorgt!

Immer mehr Bereiche zeigen sich mir, wo die gesellschaftlichen Mechanismen ins Absurde kippen. Nicht nur ich bin verzweifelt. Viele Menschen halten die Welt, so wie sie ist, nicht mehr aus. In der Politik, in der Wirtschaft, im Gesellschaftlichen, überall riecht es nach Untergang, nach Entmenschlichung und Sachzwängen, die nicht mehr das Wohl der Menschen im Fokus haben. Es ist nicht meine individuelle Last. Es ist eine größere Herausforderung. Wie kann ich ihr antworten? Wie soll ich mich verhalten? Diese Fragen stelle ich mir im März 2003, als wir bei Mutter Meera sind. Sofort kommt die Antwort in meinen Kopf: „Stärken, was positiv ist." Das ist der einzige Weg, der gut ist.
In der Garderobe des Darshan-Raums kleben über der Kleiderstange Schilder mit Affirmationen. Immer mache ich ein kleines Spiel, wenn ich komme. Ich senke meinen Blick auf den Boden, gehe zu irgendeinem Abteil, hänge meine Jacke auf und erst jetzt lese ich den Spruch. Am 2.3.2003 hängt meine Jacke bei „be happy". Stärken, was positiv ist! Be happy! Vielleicht ist das der einzig sinnvolle Umgang mit Krisenzuständen in Gesellschaft, Schule und im Privaten.
Daskalos, ein zypriotischer Heiler, sagt, dass sich jede unserer Stimmungen als Realität im Kosmos verankert.

Ich habe in den letzten Jahren viel Mutlosigkeit, Verzweiflung und Angst ausgesendet. Ich habe das Negative in der Welt gestärkt!
Be happy! Stärken, was positiv ist!

Doch es gelingt mir nicht. Zusätzlich zu meinen inneren Wehen sehe ich mich in der Schule seit zwei Jahren mit einem äußerst schwierigen Schüler konfrontiert. Mit eiskalter Miene sitzt er in meinem Klassenzimmer und verkörpert „Verachtung" pur. Er ist der heimliche Boss der ganzen Klasse und vor jeder Reaktion schielen die Mitschüler zu ihm hinüber. Nach seinem Verhalten richten sie sich aus. Und so kommt es, dass sich selbst sonst ganz nette Mädchen in emotionslose Marionetten verwandeln, denn Jegor quittiert alles Lebendige mit einem kleinen, kalten „Ts". Wenn ich lache – „Ts". Wenn ich Mitgefühl zeige – „Ts". Wenn ich einen Fehler mache – „Ts". Ich ersterbe neben ihm. Kollegen sorgen sich um mich, denn in der Pause wippe ich auf dem Stuhl im Lehrerzimmer vor und zurück – ohne es selbst zu merken. Ich bin am Rande dessen, was ich ertragen kann. Andere Kolleginnen haben kein Problem mit ihm und der Klasse. Es ist „mein Ding". Jegor findet eine Resonanz in mir. Doch ich bin so gefangen in der Situation, dass ich nicht erkennen kann, welche Struktur mich quält. Jeder Tag wird zur Last. Innen wie außen. Ende März schreibe ich in mein Tagebuch:

Immer mehr Tage sind so unendlich mühsam. Unter meinem normalen Alltagsverhalten nagt Verdruss. Ich bin es so leid! Spricht einer von Pensionierung, erscheint mir dieser Zeitraum als Rettung, wünsche ich ihn mir herbei...bitte gleich morgen! Die Arbeit mit den Jugendlichen in dem ganzen Schultrubel ist mir eine unsägliche Last geworden, von der ich gern befreit wäre. An manchen Tagen ist es sogar so, dass mir der ganz normale Alltag so überflüssig erscheint. Ich bin es leid dieses komische Leben, in dem ich mich so engagiere mit so wenig Erfolg, und in dem ich als ein so kleines Teilchen im Kosmos so null und nichtig bin. Was macht es für einen Sinn? Selbst die Ausrichtung auf GOTT?! Sie gibt mir Leitplanken für das Leben mit meinen Mitmenschen, aber was macht das alles für einen Sinn im ewigen Getriebe des Weltalls? Was ist das alles für ein Theater? Welcher Film läuft? Es ist alles so mühsam und der wirkliche Sinn bleibt mir verborgen.

Ich will nicht mehr. Eine langwierige Grippe tobt in mir. Mein Körper schmerzt. Mein Lachen ist kreischend. Meine Stimme laut und falsch. Ich habe den Krieg in mir. Mit all der Verzweiflung und dem Leid, mit Opfer und Täter, verbunden und fern und doch LEBEN! Ich kann Mutter Meera nicht in die Augen schauen. Ich fühle mich abtrünnig.

So GOTT-abtrünnig.

Ich kann nicht nächste Woche vor SIE treten, denn ich bin unwahr. Und ich muss doch hingehen, um mich zu halten. Dass ich bleibe ... im Hause des HERRN ... auch wenn es nicht mein HEIM ist zur Zeit. Dass ich warte und mich nicht vollständig abtrenne.

David sagt zu meinem „Nihilismus" Ego-Trick. In mir schreit Widerspruch, doch ich bemerke ein leises

Siegeslächeln auf meinen Lippen. Da hat jemand Macht! Wie war das im letzten Darshan? Stärken, was positiv ist! Nicht abwarten? Bewusst dagegen steuern, damit ich nicht vollständig abtrünnig werde? Wisse die Wege! – Hildegard von Bingens Buchtitel fällt mir im Regal auf. Ich weiß den Weg. Aber ich sehe dem Ab-Weg zu. Mal leidend und verzweifelt, mal wichtigtuerisch genießend.

Und dann sind wir bei Mutter Meera. Bang bin ich nach allem, was in den letzten Tagen in mir schwelte wie ein qualmender Glimmbrand, der giftige Dämpfe ausdünstet. Wie wird es werden? Kann ich Ihr in die Augen schauen?

In der Garderobe hängt meine Jacke unter dem Schild: „Sei hoffnungsvoll". Ein guter Anfang! Und es geht gut weiter. Als der Darshan beginnt, spüre ich nichts mehr von der „Abtrünnigkeit" der letzten Woche. Es scheint lange her. Es zählt nur noch das Jetzt, mein Platz bei Ihr, das Schweigen, das Da-Sein. Zu Ihren Füßen sauge ich Ihre Kraft ein und weiß, SIE heilt mich. Ich bin in Ihren Händen. Dann flirren Ihre Augen über meine linke Schulter, bevor SIE sie ganz schmal macht und Ihren Blick in meine Augen schießt, dass diese sofort zu tränen anfangen.

Im zweiten Darshan hängt meine Jacke bei: „Sei glücklich". Kann ich glücklich sein in diesem Zustand? Wenn mir Schüler Jegor die Grenzen meiner Liebesfähigkeit aufzeigt? Er verunsichert mich so stark, dass ich zweifle, ob ich mich selber wertschätzen darf. Denn ich verschließe mein Herz vor ihm. Verschließe mich und stürze in die Abtrünnigkeit, in ein Nie-wieder-

Licht. Sai Baba sagt: „Achte und liebe dich in der rechten Weise." Ich soll mich wegen meiner Unzulänglichkeiten nicht verdammen. Ich weiß, er hat recht.

Im dritten Darshan fordert mich das Garderobenschild auf: „Denke an GOTT." Ich lese es als „sei nicht abtrünnig". Behutsam leitet man mich wieder in die Spur, zeigt mir die Richtung.

Dann schmelze ich in Ihrem Blick. Er ist lang und tief und öffnet mein Herz. Und plötzlich die Erkenntnis: SIE hat mir Jegor geschickt! Das ist Ihre Liebe. SIE hat ihn mir geschickt, damit ich an ihm heilen kann und wachse. Seine Wunden sind meine Wunden, sein Stachel ist auch mein Stachel. Er „schenkt" mir die Verachtung, die genauso in mir ist. Er verachtet mich, damit ich die Verletzung spüren kann, die durch Verachtung entsteht. Auch ich verachte. Auch ich verletze. Die Wunden sind so groß und schmerzhaft! Nie wieder darf ich verachten! Niemanden!

Das vierte Darshan-Schild empfiehlt mir: „Mach Japa." Verbinde dich mit GOTT. Das ist das Gegengewicht zur Verachtung. Bin ich in der Liebe, in GOTTES Zuhause, kann ich nicht verachten. So einfach ist das. Eigentlich.

Ende April 2003 fühle ich mich stark genug für eine „Therapiestunde" mit David zum Thema „Jegor". Es wird eine tiefe Erfahrung. Ganz schnell sind wir von Jegor bei meinem Vater, dem ich auch immer alles nicht recht machen konnte. Auch bei ihm hatte ich das Gefühl: ich strenge mich doch so sehr an, aber ich bin nie gut genug. In einer Familienaufstellung erfahre ich viel über Vaters

Lebenskonstrukt. Er machte seine Welt eng und überschaubar, um sich vor seelischen Verletzungen zu schützen und aus Angst vor Enttäuschungen. Also sonderte er alles, was „anders" war, ab und verachtete es. Und das übernahm ich. Heute kann ich sehen, dass diese Einstellung zum Leben immer mit Leid verbunden ist. Leid für den „Anderen" und Leid für mich. Denn sie ist gegen das Prinzip der Liebe.

Jegor als „Versucher", als Engel, der die Grenzen meiner Liebesfähigkeit erweitert. Als Herausforderung, das „Böse" in mir, die Verachtung, zu transformieren in Licht. Es ist ein schwerer Schritt, denn ich verlasse damit alte Familienstrukturen. Der Schritt heißt: Das Andere in Liebe annehmen.

Monate später werde ich noch einmal von Jegor träumen und mein Thema mit ihm zum Abschluss bringen können:

Ich habe mit Jegor ständig massive Probleme und wir streiten lautstark. Jetzt sind wir auf einer Art Insel. Wir sind gleichaltrig. Ich lehne meinen Kopf an seinen und husche mit meinen Augen über sein Gesicht. Ich zerbreche innerlich und stammle verzweifelt: „Ich weiß auch nicht, woran es liegt. Es ist immer das Selbe, wie ich mich aufrege mit dir. Und ich finde den Stopp nicht." Ich schiele zu seinen Augen hoch und sage: „Geliebtes Arschloch!" Er antwortet: "Ich liebe dich auch, aber das wirst du ja wohl schon gemerkt haben." Ich bin ganz verzweifelt und aufgewühlt über meine Unfähigkeit, meine Aggressionen zu stoppen und über seine ruhige Liebe.

Als ich Jegor dann im Klassenraum sehe, zerreißt es mich. Ich liebe dich auch!!??
Liebe zwischen UNS? Ausgerechnet!
Und dann schreibt sich ein Text aus mir heraus:

> Es ist in seiner Aura
> die Liebe ist in seiner Aura
> und in seinem Körper
>
> nur die Sprache ist falsch
>
> ich kenne ihn doch
> ich liebe ihn doch
> was hat ihn so gemacht?
> was hat er erlitten
> dass er so verletzt
> und verachtet?
> wer hat ihm das angetan?
>
> und er schaut
> als ich schaue
> und er errötet
> und ich weiß
> EINHEIT
> wir sind aus der Einheit
> er und ich
> und der Faden reicht weit zurück

Ich habe kein Leid mehr an ihm. Ich kann annehmen, dass er so ist, wie er ist, und lasse ihn blubbern. Mit einem Scherz, mit Ironie oder einem deutlichen Nein gelingt ein neues Gefüge, in dem ich mich nicht mehr infrage stelle. Ich bin an ihm gewachsen. Vielleicht habe ich eine alte Verstrickung aufgelöst?

Im Juli 2004 wird er aus der Schule entlassen werden. Einmal werden wir uns noch nach circa zehn Jahren auf einem Klassentreffen begegnen und die Unbehaglichkeit miteinander wird wieder aufleben, aber auf der lebensaktiven Seite sind wir fertig miteinander.

~~~

„Zufällig" schickt mir meine Freundin Chalis eine Reihe von Symbolen, die Aufschluss über seelische Prozesse geben können. Eines der Bilder spricht mich besonders an. Als ich den erklärenden Text auf der Rückseite lese, staune ich mit offenem Mund:

HINGABE
deiner Wünsche
deines Willens
deiner Pläne
all dessen, was du bist.

HERR, DEIN WILLE GESCHEHE

Ich weiß, dass es stimmt. Das ist der Weg, den ich gehen muss. Annehmen, loslassen und mich hingeben. Es ist nicht nur das Verlassen alter Familienstrukturen. Es ist weit mehr. Aber wie macht man das – HINGABE? Das hieße ja, dass ich mir von nichts mehr Vorstellungen machen soll, dass ich mir keine Erfolgsziele setze. Das hieße auch, dass ich nur noch im jetzigen Moment entscheide – ohne eigenen Plan. Im Vertrauen auf GOTTES Plan. Das hieße, dass ich mein Ziel, dass meine Schüler/innen einen guten Schulabschluss und eine Lehrstelle bekommen, loslasse. Vielleicht hat GOTT etwas Anderes für einige vor? Das, was aus meiner Sicht erstrebenswert wäre, muss im großen Plan der Liebe nicht unbedingt auch gut sein. Wenn ich mein Schulleben in den letzten zwei Jahren als Außenstehende verfolgt hätte und mächtig genug gewesen wäre, hätte ich dafür gesorgt, dass Jegor und ich getrennt werden. Weil wir nicht gut füreinander sind. Dann hätte sich unser Verhältnis nicht zuspitzen können, ich wäre nicht in diese Not geraten und hätte die Chance für meine Weiterentwicklung nicht so gehabt.

GOTTES Plan der Liebe ist manchmal offenbar alles andere als Zuckerschlecken. „Erkenne emotionslos – und handle notwendend"... und mach keine Pläne für das Leben anderer und für dein eigenes. Nimm es, wie es kommt und handle aus reinem Herzen. Nicht, um etwas zu erreichen, sondern weil es jetzt grad not-wendig ist. HINGABE an SEINEN Plan.

Einige Tage später erkenne ich das alte Thema Selbstsicherheit in diesem Gefüge. Jegor „bedient" zusätzlich zu meiner Verachtung auch noch meine Not, zu mir zu stehen. Sein klitzekleines „Ts" zu meinem fröhlichen Lachen hebelt mich völlig aus. Es weckt das Muster aus Kindertagen: ich darf nicht anders sein. Seine vermeintliche „Kritik" lässt mich rotieren und ich stelle mich infrage. Welch geniale Konstruktion: ein einziger Schüler zeigt gleich zwei meiner brisanten Themen auf!

Verachtung und Selbstachtung. Sie sind verwandt miteinander, gehen sozusagen Hand in Hand.

Zum Abschluss der Sommerferien fahren wir noch einmal zu Mutter Meera. Ich bin unschlüssig, ob ich wirklich bei Ihr sein will, denn ich sehne mich nach Entspannung, nach einfach einmal nichts tun. Bei Mutter muss ich wieder damit rechnen, dass sich meine inneren Themen zeigen, dass ich mich wieder mit mir selbst auseinandersetzen muss. Zu vermuten ist, dass mir das „Ich-will-nicht" die Ruhe stehlen wird. Und woher sollte ich die Kraft nehmen? Aber der Mut für ein Nein fehlt mir. Also sitze ich Ende August 2003 wieder im Darshan-Raum, blicke blicklos, fliehe vor allen Kontakten und habe Schiss vor Mutter Meera. Zaghaft bete ich: „Bitte hilf mir, all meine Probleme zu lösen", und hoffe inständig, dass es nicht gleich wieder in die Vollen geht. Vielleicht kann SIE mir „heimlich" helfen?! SIE kommt. Ich bete. Und hoffe. Da öffnet sich zwischen Ihr und mir eine Bahn, eine Art Energie-Strom und eine weibliche Stimme sagt ununterbrochen: „Ja, ich helfe dir. Ja, ich helfe dir. Ja, ich helfe dir." Täusche ich mich? Ist es Ihre Stimme oder meine? Ja, ich helfe dir. Wie gut mir das tut! Dunkle Ruhe zieht in mich ein, wohl wissend, wie schwer es trotzdem noch sein wird mit all meinen Themen.
Lange, lange hält SIE meinen Kopf in hren Händen. Meine erleichterte Stimmung am nächsten Tag zeigt mir, dass SIE mir schon geholfen hat im Darshan. Danke. Wie gut, dass ich nicht zuhause geblieben bin!

~~~

Zurück in Weiladingen packt mich die Schule wieder. Meine Klasse ist nun im neunten Schuljahr und steuert auf die Hauptschul-Abschlussprüfung zu. Das stellt mich in eine erhöhte Verantwortung. Es ist auch ein bisschen meine Prüfung: Habe ich die Schüler gut genug vorbereitet? Bringt meine Planung sie rechtzeitig in Höchstform? Halte ich alle Termine ein? Herausforderungen. Und das alles mit jenem Jegor! Ich ertappe mich bei dem Gedanken: Wenn ich mir doch ein Bein brechen würde, dann könnte ich mich einfach ein paar Tage ins Krankenhaus legen! So viel Sehnsucht nach Ruhe. Vielleicht fahre ich am Wochenende allein in eine Ferienwohnung am Bodensee? Ganz für mich sein, mich wieder spüren, Zeit aushalten, bis mein Herz wieder weiß, was es braucht. Doch dann kommt alles ganz anders.

Davids geplanter Wochenendkurs in Holotropem Atmen findet überraschend doch genügend Teilnehmer und er kann meine Hilfe gut brauchen. Ich habe keine Kraft, meinen Traum vom ruhigen Wochenende gegen fünf begeisterte „Schnaufer" durchzudrücken. Es erweist sich als Glücksfall! Am Nachmittag kann ich mitmachen und habe eine machtvolle Erfahrung. Als ich den Zugang zum inneren Erleben freigeatmet habe, bin ich eine junge Frau mit einem riesigen Messer. Diese Waffe kenne ich schon. Sie steckte bisher in meiner linken Schulter und zeigte sich in verschiedenen Selbsterfahrungssituationen. Jetzt habe ich das Messer quer zwischen den Zähnen und Blut tropft von seiner Schneide. Aus meinen Augen blitzt zerstörerische Vernichtungs-Lust.

Dann bin ich das Opfer, habe eine klaffende Wunde längs im Brustkorb. Es ist ein Schnitt, aus dem unsäglich viel Blut quillt. Mein schönes Blut! Ich bin ganz verzweifelt. Meine Seele schmerzt unerträglich, dass ich so verletzt worden bin! Diese Pein! Meinen ganzen Körper balsamiere ich mit meinem schönen Blut ein. Meine Verzweiflung ist übergroß. Dieses Gefühl wandelt sich fließend in Unverständnis und Empörung: Wie kann jemand so etwas tun? Wie kann jemand so grausam sein? Und das Gefühl fließt weiter zu Wut. Ich bin außer mir und brülle: „Ihr Schweine! Ihr seid alles Schweine!"

Diese drei Gefühle Verzweiflung, Empörung und Wut liegen ganz dicht beieinander. Sie sind aus derselben Quelle, sie sind miteinander verwandt. Ich habe es erfahren.

Die Wut steigert sich immer mehr. Mein innerer Wächter versucht mich zu bremsen, aber ich will dieses Gefühl endlich einmal erleben, es in diesem neutralen, geschützten Rahmen spüren und ausleben. Eine bestialische Lust an der Wut und am Täter-Sein packt mich. „Ich mach euch fertig"! Genussvoll brülle ich die Wörter. „Ich mach dich klein, ganz klein!" Welch Wonne! Raus damit! Ein Super-Gefühl! Siegerpose.

Als das Toben abklingt, heile ich meinen verletzten Oberkörper. Immer wieder streichle ich ihn und klopfe mit den Fingerkuppen Energie in ihn hinein. Schließlich öffne ich ihn sanft. Aus seinem Inneren quellen schwarze kleine Wesen hervor, die aussehen wie Geister. Sie sind erfüllt mit Pein, Qual und Unverständnis. Immer mehr

Wesen quellen hervor. Sie sind nichts Gutes. Raus, raus, alle müssen raus! Mein Gefühl dabei wechselt in schneller Folge: Trauer, Dringlichkeit, Ekel, etwas Freude und dringende Not.

Dann bin ich weh und wund. Alle Wesen sind befreit. Ich schließe und heile die Wunde. Voll Schmerz und Mitleid streichle ich mein Herz. Mein armes kleines Herz! Was hat man dir angetan!? Mein kleines armes Herz.

Am nächsten Tag bin ich ganz heiser, denn ich schrie vor Schmerz und Verzweiflung; ich schrie vor Empörung und ich brüllte vor Wut und aus Lust an der Vernichtung. Alles tut mir weh. Aber es ist ein gutes Gefühl, die Abgründe meiner Wut und meiner Vernichtungskraft so deutlich gespürt zu haben. Ich staune über den fließenden Übergang vom Opfersein zur Täterschaft. Nahtlos! Mein Gehirn begreift es nicht wirklich, aber auf der Gefühlsebene ist alles eindeutig. Ich wünsche mir, dass ein kleines bisschen Heilung stattgefunden hat. Hoffentlich.

In der Nacht träume ich:

Jegor und ich grinsen uns an, wissend, dass wir uns hassen, weil wir uns lieben. Oder: dass wir uns lieben, weil wir uns hassen.

Hass und Liebe verschmelzen. Sind auch sie aus derselben Quelle?

Der Täter in uns ist DIE Herausforderung unseres Mensch-Seins. Das Leid des Opfers verwandelt sich übergangslos in die Wut des Täters. Die Wut des Täters erzeugt erneut das Leid des Opfers. Ein fataler

Kreisprozess, indem die Grenzen fließen. Es gilt diese Abfolge in Nächstenliebe zu unterbrechen, frei zu werden von den inneren emotionalen Zwängen. Du sollst nicht töten. Auch psychisch nicht. Nicht die körperliche Wunde war beim Schnaufen das Drama, sondern die seelische Verletzung.
Es ist eine Energie: die seelische Verzweiflung und die rasende Wut der Vernichtung.
Sie haben dieselbe Qualität.

Wenn du erkennst,
        dass die Vernichtungswut des Täters
            (dass das Böse im Auge des Tigers)
        deine eigene seelische Verzweiflung und
        deine eigene Täterschaft ist
            (dein eigener Schmerz, deine eigene Tat ist)
        das ist das Ende des 3. Weltkriegs.

Traum und Atem-Erlebnis fließen ineinander. Sie sind eins.
Diese Einblicke ziehen sich über Wochen nach dem Atem-Wochenende hin. Sie stehen mir nicht sofort zur Verfügung. Ganz nebenbei muss mir der Unterricht gelingen und aller Alltag. Ich hangele mich durch bis zu den Herbstferien, wo ich ausruhen darf.

Und dann ist plötzlich schon Weihnachten und ich weiß nicht, wie die Zeit verging. Wieder: Spannungs-Chaos in der Schule, Weihnachtsbesuch meiner leiblichen Mutter, Familienessen, Fahrt zu Mutter Meera, überfüllter Darshan-Raum, Unruhe – das ganze Programm. Zum

Ende des Jahres erinnere ich mich noch einmal an die Geschenke der letzten Monate und sie besänftigen meinen immer wieder aufbrechenden Unmut.

„Ja, ich helfe dir." Wie tröstlich.

Bei unserem dritten Darshan hocke ich ganz hinten im Verkaufsraum auf einem Stuhl, als Adilakshmi zu mir kommt und mich fragt, ob ich auf dem Boden sitzen kann. Die Plätze am Boden sind ganz vorne bei der Mutter. Mutig nicke ich, obwohl ich nicht sicher bin, ob ich wirklich drei Stunden im Schneidersitz unbeweglich still aushalten kann. Aber die Verlockung, ganz dicht bei IHR zu sein, ist zu groß.

Und dann throne ich tatsächlich direkt neben Mutter Meera! Einen besseren Platz gibt es nicht! Immer, wenn mein Körper irgendwo wehtut, sage ich innerlich: „Ich bin nicht mein Körper", und der Schmerz löst sich auf.

Mutter Meeras Energie ist wie eine Ruhe-Hülle, die mich erfüllt und umhüllt. Nichts ist mehr so wichtig wie das Sein.

Das Sein bei und in Mutter Meera.

Am 31. Dezember 2003 wache ich aufgewühlt aus einem Alptraum auf, kritzele ihn schnell auf ein Blatt Papier, doch kein Wort passt. Ich bin außer mir. Ich kann ihn nicht lesen, nicht erzählen, ihn nicht einmal denken. Panik. Entsetzen.

Später am Tag erinnere ich die Bilder und vor allem die dramatische Stimmung des Traums, kann sie aber nicht so frei wie sonst aufschreiben. Sie erzwingen eine bestimmte Wortwahl, die nicht veränderbar ist. Es ist wie ein festgelegter Text, den ich erspüren muss.

Die andere TochterMaus nahm nicht so am Familienleben teil,
wie man es von einer Tochter erwartete.
Sie war fast nie da. Immer in Scherlingen.
Die eine TochterMaus hingegen war recht geraten.
Sie tat alles mit, was man von ihr erwartete.
Hatte die Andere denn einen Geliebten in Scherlingen?

Der Vater zuckte mit den Schultern: man wusste es nicht.
Der bäuerliche Vater zuckte mit den Schultern.
Nicht wissend.

Eines Tages wollte man aber, dass auch die Andere mitginge.
Mitginge in die Richtung der Familie. Ins Dunkle nach links.
Nicht ins Helle nach rechts nach Scherlingen.
Feucht und dunkel war es links.
Feucht und dunkel und unklar.

Man wollte, dass sie mitginge.
Man gab es ihr zu wissen.
Sie widerstand nicht und zog keine Miene.

Man war unbehaglich. Würde sie folgen?
Man wollte, dass sie mitginge.
Würde sie?
Sie zog keine Miene.

Auch nicht, als der Vater sie packte.
Eigensinn.
Mochte der Vater noch so Macht machen.
Sie zog keine Miene.

Würde sie folgen?
Man war sich nicht sicher.

Jetzt hatte die Maus kein Fell mehr.
Aber würde sie folgen?
Man war sich nicht sicher.
Auch die Mutter nicht.
Vater mach Macht!
Ja.

Jetzt schrie die Maus um ihr Leben.
Aber konnte man sicher sein?
Vater macht Macht.

Jetzt hatte die Maus keinen Kopf mehr.
Aber sie schrie immer noch.

Würde sie wieder nach Scherlingen gehen?
Wo sie doch mitsollte.
Konnte man sicher sein?
Brauchte es mehr Macht?
Man konnte nicht sicher sein.
Da war noch Eigensinn.
Oder?

Der Bauer stukte.
Stukte den Halsstumpf in die braune Brühe einer Pfütze.
Keine Luft ging mehr hinein.
Das Schreien verklang.

Der Sieg lächelte auf unseren Gesichtern.
Auf dem der Mutter. Und auf meinem.
Gut so!
So brauchte es es.
So musste es sein.

Der Bauer drückte mit Macht und Macht und Druck.
,,Mach sie tot, mach sie tot, mach sie tot!'',
gellte es aus meiner Kehle. Wild!

Und der Bauer machte.
Bis kein Ton mehr kam.
Bis es erledigt.
Das mit der Tochter.
Und das mit Scherlingen.

So war es gut.

Gegen Abend finde ich einen Faden, diesen seltsamen Text zu entschlüsseln. Er führt zurück zum Darshan-Wochenende vor zwei Tagen. Mein Jahresrückblick für 2003 formulierte den Gedanken: „Immer wieder bin ich abhängig in der Wertschätzung meiner selbst vom Verhalten meiner Mitmenschen. Besonders mit Ablehnung kann ich gar nicht umgehen. Ich verliere mich und kann nicht zu mir stehen." Mein „Raum" ist nicht stabil. Und so entschlüsselt sich der Traum und seine Panik löst sich auf. Vorerst.

Die beiden Töchter sind Teile in mir. Die eine brav – die andere mit Eigensinn. So könnte es früher gewesen sein! Ich war ein lebhaftes Kind, hatte „Eigenes im Sinn" und wurde angepasst an das, was man erwartete. An Vater und Mutter. Bis ich selbst schrie: „Mach sie tot!" Schmerzvoll „erinnere" ich mich. Die Beklemmung im Herzen quält - für damals und für heute.

Am übernächsten Tag fließt mir dieser Text aus der Seele:

und   durfte nicht
         Mucks machen, wenn er schlief
         reden, wenn er las
         Brot schneiden quer
         atmen mit Japser

und   konnte schon
         gesittet essen mit zwei
         artig sein so früh

         durfte nicht
und   konnte schon

brave Tochter

wo gehst du hin
was machst du da
sei pünktlich zuhaus
wie war's

und die Nähe erstickte
in Enge
und ich klebte an ihm
kein Raum
für Eigenes im Sinn

und Fehler entsetzten
entzogen das Wohlwollen
Ablehnung erzwang
den Gleichschritt
Schweigen erstickte
das ich im er

und ich lernte Beziehung
nicht: ich und du
doch: du machst mich

du machst mich
ein Leben lang
bis jetzt

„bis jetzt" blieb leider ein Entschluss, der im Alltag weich
wurde. Der Traum hatte ein Thema aufgerissen, hatte mit
„entsetzlicher" Macht auf sich aufmerksam gemacht,

doch ich glitt wieder in das alte Fahrwasser. Die Tochter hat ihre Lektion gut gelernt! Die Andere ist wirklich tot. Ich kann die Fesseln nicht so leicht abstreifen. Jeder leiseste Hauch eines „Nicht-Einverstanden-Seins" aktiviert die brave Tochter, die ihren Eigensinn schnell infrage stellt. Sie passt sich in einer Geschwindigkeit an, die erstaunt. Auch mich. Die auch nicht zum äußeren Eindruck, den andere von mir haben, passen will. In vielen Situationen kann ich sehr wohl meine Meinung vertreten und gehe mit Kraft in die Führungsposition, denn da ist eine in mir, die weiß, wo es langgeht. Da bin ich „Vater" und nicht „brave Tochter".

Und als wolle „man" nicht, dass diese Erkenntnis theoretisch bleibt, geschieht an einem Sonntagmorgen folgendes: David steht auf, als es noch dunkel ist, meditiert und geht dann mit dem Hund raus. Ich ärgere mich: So ein Blödsinn! So früh – und dann noch am Sonntag! Stopp! Ärger? Ist ein Stolperstein enthalten? Ich untersuche die Situation. Eigentlich habe ich nur Vorteile: der Hund „guckt" nicht mehr mit der feuchten Schnauze in meinem Gesicht, ob ich wach bin, das Bett ist doppelt so breit und ich weiß, dass ich nachher noch einen Kaffee ans Bett bekomme. Was, um Himmels willen, macht den Ärger?! Zunächst bleibt alles unklar. Obwohl ich den Ärger freundlich begrüße und ihm einen Stuhl anbiete, löst er sich nicht auf. Er ärgert. Dann entschlüsselt sich der Zusammenhang: Das Verhalten meines Vaters war für mich Norm. Seine Handlungen waren der Anspruch an mich, es auch genauso zu tun. So und nicht anders. Unausgesprochen. Wenn David sonntags im Dunkeln aufsteht und mit dem Hund rausgeht, dann ist das auf einer ganz unterschwelligen Ebene, die völlig am Kopf vorbeiläuft, eine Norm für mich. Ich muss es auch so machen. Das Liegen im Bett kann dann kaum noch gemütlich sein, denn es wird massiv infrage gestellt. Aber: Bei David ist das anders! Dieser Satz lässt meine Tränen kullern. Tränen eines späten Kummers über die Strenge von Vaters Normen. Und Tränen der Erleichterung: bei David ist das anders. Er geht seinen Weg und ich darf meinen gehen, auch wenn dieser anders ist als seiner. Ich muss nicht im Dunkeln aufstehen.

Doch der Druck in meinem Brustraum bleibt. Ich danke meinem Vater, dass er sich so darum bemüht hat, dass ich ein guter Mensch werde, und gebe ihm seine Normen zurück. Heute sind sie nicht mehr nützlich für mich. Der Druck bleibt. Er ist nur etwas schwächer geworden. Was braucht es denn nun noch? Ich binde David! Ich ziehe ihn in eine Verstrickung, in die er nicht hineingehört und projiziere Normen und Verhaltensweisen auf ihn, die eine andere Herkunft haben. Ich will und muss ihn freigeben. Dazu mache ich ein kleines Ablöseritual, wie ich es bei Phyllis Krystal gelernt habe, in Kurzform. Nun ist es in mir viel leichter, obwohl ich mich noch nicht befreit fühle. Das System der unausgesprochenen Norm-Ansprüche sitzt sehr tief. Ich darf zu mir stehen, darf „anders" sein und meinen Sonntagmorgen leben, wie es mir entspricht, eingekuschelt in ein breites Bett, dämmernd zwischen Nacht und Tag, während David draußen mit dem Hund den Sonnenaufgang genießt. Könnte ja eigentlich herrlich sein!

Der Maus-Traum behält sein Gruseln, bewahrt seine Dramatik. Erneut beschäftigt er mich mit seinen wühlenden Emotionen, als ich ihn 2017 für das Manuskript dieses Buches aufschreibe. Er ist noch nicht fertig. Er hat noch eine Botschaft für mich. Ich schleiche um ihn herum und weiß keinen neuen Anfang, um zu erfahren, was er mir sagen soll.

Dann plötzlich die Idee: wieso eigentlich „Scherlingen"? Es ist der Nachbarort, aber ich habe kaum Bezug zu ihm, weder positiv noch negativ. Im Traum wird der Geliebte in Scherlingen vermutet. Die Liebe in Scherlingen – sie steht in krassem Gegensatz zur Grausamkeit der Familie.

Ich schaue den Zahlenwert des Wortes SCHERLINGEN nach. Die Quersumme aller Ziffern ist vierzig. Golmyn schreibt auf Seite 44: „Die Zahl Vierzig hat … eine besondere mystische Bedeutung. Man könnte sie die Zahl des Eremiten und des Einweihungsweges nennen…"

Und plötzlich weiß ich: „nach Scherlingen" ist ein Bild für meinen Lebensweg. Das hätte ich leben sollen! Das ist die andere Tochter in mir, die die Familie mit ihren traditionellen Normen verlässt und einen anderen Weg geht, den Weg ins Helle, ins Licht und in die Liebe. So wie es schon in meinem allerersten Traum enthalten war, als mir gezeigt wurde, dass Licht und Liebe das Wichtigste im Leben sind.

Gut, dass mir diese Erkenntnis erst heute im Ruhestand kommt. Vielleicht wäre ich sonst an ihr verzweifelt und mutlos geworden. Denn mein Leben war bisher weit entfernt davon, ein Einweihungsweg zu sein. Heute jedoch kann ich sie als Bestätigung erleben, denn mein Leben fügt sich jetzt in Richtung "Scherlingen". Voll

Enthusiasmus gehe ich meinen spirituellen Weg und verarbeite meine Erkenntnisse kreativ. Gerne ziehe ich mich als Eremitin zurück, um tief konzentriert mein Sein zu erforschen. Nun hat der Maus-Traum keinen Aufforderungscharakter mehr.

~~~

Das Jahr 2004 beginnt für mich, als hätte jemand einen Schalter umgelegt. Ich fühle mich von Herzen freundlich und wohl mit allem, was passiert! In dieser Entspannung findet das Thema „links" seinen Weg zu mir. Immer mal wieder in Selbsterfahrungssituationen, im Alltag oder in Träumen wird mein Fokus auf meine linke Körperseite gelenkt. Der Satz „Ich will nicht" war am linken Bein, ich halte meinen linken Arm häufig stark angewinkelt, meine Zeichnungen sind oft links duster gefärbt und mein linkes Bein nenne ich „Hexenbein". Ende Februar träume ich:

Ich komme auf einen kleinen Platz. Auf der linken oberen Hälfte des Platzes sehe ich fünf verschleierte Frauengestalten in blauen Gewändern. Einzeln wie einsame Statuen stehen sie auf einem eingezäunten Hof, der zu einem Gefängnis gehört. Die Aufseherin schaut aus einem Fenster im ersten Stock. Dieses Bild zerreißt mich über alle Maßen. Was tut man den armen Frauen aus Afghanistan an!? Und dann lässt mich ein unbenanntes Leid weinen und weinen. Ich schlage beide Hände vors Gesicht und kann mich nicht beruhigen.

Am nächsten Tag trage ich in mein Tagebuch folgende Notiz ein:

So ganz sicher bin ich mir ja immer nicht, ob all das, was ich mir zusammenreime aus Träumen und Erlebnissen, auch wirklich richtig ist oder ob ich schlicht spinne. So geht es mir auch mit dem Thema „links". Doch als dann gestern Mutter Meera im Darshan neben meine linke Schulter schaut, empfinde ich es als große Gnade. Da ist tatsächlich etwas auf meiner linken Seite, speziell in meiner linken Schulter! Ihr Blick hat Heilkraft, das weiß ich. Meine Zweifel lösen sich auf; sie weichen der Gewissheit, dass die Bilder, die mir zum Thema „links" geschickt werden, von Mutter Meera kommen. Ich kann vertrauen, SIE hilft mir. SIE heilt etwas, was ich nicht einmal benennen kann.

Etwas später erscheinen vor meinem inneren Auge die fünf Frauen in ihren blauen Gewändern wieder. Ich muss einen unhörbaren Ton summen, der unter dem Zaun hindurch zu den Frauen zieht und sie „aufbläst" wie Luftballons. Es ist, als würden sie mit mehr Leben erfüllt, dort links auf dem Platz.

Was es wohl mit dem Thema „links" auf sich hat? Und die „blauen Frauen", was bedeuten sie? Es folgen vorerst keine weiteren Hinweise zur Aufschlüsselung.

~~~

Zur Osterzeit geht mein Prozess mit einem Traum von einem „fröhlichen Reigen" weiter, der mich zutiefst verunsichert. Er zeigt mir meine Doppelbödigkeit auf und stellt damit meinen Umgang mit meiner

Vernichtungskraft in Frage. An Tagen, wo sie in mir wütet, habe ich mir angewöhnt, die Aggression der Unzufriedenheit in mir zu lassen, um meine Mitmenschen davor zu bewahren. Ich lebe zwei Ebenen: nach außen möglichst freundlich, aber innen brodelt es. Nun sagt mir dieser Traum, der fröhliche Reigen sei falsch! Es dauert drei Tage, bis ich genug Mut gesammelt habe, David um Hilfe bei der Entschüsselung der Botschaft zu bitten. Er lässt mich drei Meditationskissen übereinander stapeln. Das obere Kissen nennt er „Reigen aus Fröhlichkeit", das mittlere „Unzufriedenheit" und was darunter liegt, hat noch keinen Namen. Ich stelle mich auf den „Reigen". Er symbolisiert meinen Versuch, meinen Mitmenschen kein Leid zuzufügen, die Situation zu „retten". Hier ist es sehr wackelig, meine Füße haben keinen sicheren Stand. Der Reigen ist nicht wahrhaftig. Wir legen dieses Kissen zur Seite und ich stelle mich auf die „Unzufriedenheit". Hier stehe ich stabiler. Ein „Siegerlächeln" überrascht mich und es fühlt sich an wie „Triumph". Triumph über das, was darunter liegt. Meine Unzufriedenheit, diese bodenlose Missachtung von allem, was ist, deckt etwas zu, was nicht ans Tageslicht kommen soll. Wir räumen auch dieses Kissen zur Seite und ich stelle mich auf „das, was darunter liegt". Alles bricht ein: ich zerfließe in Trauer, tiefer Trauer. Sie sitzt im Brustraum. Das untere Kissen heißt „Trauer" und sofort beginnt eine Gedankenreise:

Ich sehe eine Höhle vor meinem inneren Auge. In ihr liegen die beiden Bündel, von denen ich vor vielen Jahren träumte und die ich nie erforschen mochte. Sie haben in all den Jahren nichts von ihrem Entsetzen eingebüßt.

Nach langem Zögern finde ich die Kraft, das größere Bündel aufzubinden. Es ist ein Kind. Ein Mädchen mit weiß-blonden Haaren, das drei bis vier Jahre alt ist. Ich weine und weine. Das Mädchen ist gestorben und findet es ganz in Ordnung in der Höhle zu sein. Ich bin ganz erschüttert.

Nun das kleinere Bündel! Ich muss es streicheln, nehme es auf den Arm und wiege es. Dann ent-binde ich es. Es ist auch ein weiß-blondes Mädchen im Baby-Alter. Ich weine und weine.

Die Kinder haben etwas mit mir zu tun: ich durfte sie nicht haben! Das ältere Mädchen ist freiwillig gestorben. Es hat meine Not gespürt und ging aus Liebe zu mir in den Tod. Und da habe ich ihm die Kleine mitgegeben. Ich habe mich an dem Baby versündigt, denn ich konnte/wollte nicht zu ihm stehen. Ich weine und weine. Es tut mir entsetzlich leid und ich bitte Mutter Meera und die Kinder um Vergebung. „Ihr werdet immer einen Platz in meinem Herzen haben", verspreche ich den beiden weiß-blonden Mädchen. „Ihr seid tot und ich bleibe noch eine Weile im Leben, bis ich auch komme."

Ich setze die Große in den hinteren Teil der Höhle und lege ihr das Baby in den Arm. Dann kuschle ich noch eine Decke um sie. Es braucht viel Zeit, bis ich die Höhle verlassen kann. Vor ihren Eingang pflanze ich einen Haselnuss-Strauch und Osterglocken.

Die Trauer begleitet mich durch den ganzen folgenden Tag. Meine Tränen quellen immer wieder und es formt sich der Satz in mir:

WIR FRAUEN, DIE WIR UNS NICHT LEBEN.

Sofort muss ich an die „blauen Frauen" denken und der Traum entschlüsselt sich. Er reiht sich ein in mein Thema „eigener Raum/Selbstliebe" und greift das Drama der TochterMaus auf. Auch das weiß-blonde Baby gehört in diesen Zusammenhang. Das, was „darunter ist" unter all der Unzufriedenheit, das untere Kissen heißt: „Trauer um den Selbstverlust".

WIR FRAUEN, DIE WIR UNS NICHT LEBEN.

Aus Haselnuss-Zweigen werden Wünschelruten gemacht, Hexenbesen und Zauberstäbe. Sie erleichtern den Kontakt zur Anderswelt und fördern die Intuition. Habe ich diesen Kontakt verloren? War das mein Eigensinn, der getötet wurde? Osterglocken sind Narzissen. Sie werden dem Jüngling Narziss zugeordnet. Gewöhnlich hält man ihn für egoistisch und selbstbezogen. Doch gibt es nicht auch eine gesunde Form der Selbstliebe?

Und eine weitere Nuance gesellt sich hinzu: Chalis träumt im Juni 2004, ich hätte ein lichtvolles Bild gemalt, auf dem drei Frauen aus dem Meer kommen. Wir assoziieren die Begriffe: dreifache Göttin, weibliche göttliche Energie.

Die „andere TochterMaus" hatte Eigenes im Sinn:
Liebe, Selbstliebe, Intuition, Anderswelt, Göttin.
Ich habe diesen Eigensinn abgetötet.

~~~

Parallel zu diesen inneren Ereignissen bereiten wir uns auf der Alltagsebene auf den letzten Abschnitt unseres Jakobswegs vor. Den spanischen Teil des Caminos werden wir in einem Stück gehen. Ein Pilgerweg von 800km Länge im Heiligen Jahr! Etwas ganz Großes kündigt sich an! Ein „heiliges" Jahr ist immer dann, wenn der Namenstag des Heiligen Jakobus auf einen Sonntag fällt. 2004 ist so ein Jahr! Schon am 31.12.2003 wurde die Heilige Pforte an der Ostseite der Kathedrale von Santiago de Compostela geöffnet, durch die die Pilger nur in diesem Jahr die Kirche betreten dürfen. Dieses Tor wird „Pforte der Vergebung" (Puerta de Perdon) genannt, denn wer hier hindurchschreitet, dem sind alle Sünden vergeben, die zurückliegenden und sogar die zukünftigen! Da ich mich nicht für sündig halte, ist mir dieser Aspekt nicht so wichtig. Trotzdem packt mich ein Gefühl von Freude und hoher Erwartung. Wie der Weg wohl werden wird?

Angekommen! GOTTES schöne Natur hat uns wieder. Wir sitzen in luftiger Höhe und haben ungefähr die Hälfte des Anstiegs in die Pyrenäen oberhalb von St. Jean Pied de Port erreicht. Mächtige, runde Berge umrahmen uns, unter uns sehen wir die Baumgrenze, über uns kreisen riesige Geier.
Stille.
Die Nacht ist etwas stürmisch, der Wind dreht und bläst direkt unter unseren Unterstand, gebaut aus unserem Regenponcho und den Wanderstöcken. Wir müssen alles Flatternde sichern, aber eingemummelt in meinen Schlafsack ist es sogar richtig gemütlich. Zwischen

Wolkenfetzen schaut der Vollmond nach uns und zaubert eine Märchenkulisse. Geborgenheit im Sturm.

Am nächsten Morgen brechen wir beim ersten Tageslicht auf und reihen uns ein in die Kette der Pilger. Sie gehen vor mir und hinter mir. Ich sehe sie und ich höre sie. Nur mühsam kann ich meinen Gleichmut bewahren. Mein Camino ist dieses Jahr ein ganz anderer als sonst. Ich bin nicht allein, nicht ohne Einfluss von anderen. Bedauern macht sich in mir breit und wehmütig erinnere ich mich an die einsamen Etappen in Frankreich.

Die Tage vergehen wie im Rausch. All die vertrauten Namen, die ich x-mal im Wanderführer las, die jeder Pilger auswendig kennt, sie fließen an mir vorbei. Einige werden mir in guter Erinnerung bleiben, wie Eunate, Puente de la Reina und die kleine, wunderschöne Herberge in Murias de Rechivaldo, in der uns der Herbergsvater bekochte und ein Mitpilger eine Messe zelebrierte. Unvergessen bleibt auch die Erfahrung der unermesslichen Weite der Meseta. Doch ich bin so aufs Ziel gerichtet, so darauf bedacht, Kilometer hinter mich zu bringen, dass ich nicht mehr richtig genieße. Die Etappen sind zum Teil 37km und 42km lang! Distanzen, die ich mir nie zugetraut hätte. Ich gehe bis zur völligen Erschöpfung.

Und dann ist es soweit: ich komme an. Fünf Kilometer vor Santiago de Compostela komme ich an.

Auf dem Monte de Gozo steht eine kleine Kapelle.

Zuflucht. Ich fliehe in diesen dunklen Altarraum.

Allein. Ich atme auf unter Tränen.

Sage danke. Aus tiefstem Herzen DANKE.

Mein Weg von 2000km Länge geht zuende. Ein Weg, der mir so viele verschiedene Erfahrungen ermöglichte. Ein Weg voller Gottesgeschenke.

Camino, wie reich du mich gemacht hast!

Inzwischen hat David erkundet, dass die Pilgermesse um 18h beginnt. In fünf Kilometer Entfernung. Es ist jetzt 17.10h. Der Rest des langen, langen Pilgerwegs wird zum Wettrennen. Alles in mir schreit NEIN, aber ich laufe mit. Sicherheitskräfte weisen uns an, die Rucksäcke vor der Kathedrale abzustellen. Der Innenraum gleicht einer Markthalle, in der unzählige Menschen flanieren. Irgendwo hinter den vielen Schultern sehe ich vollbesetzte Sitzreihen. An mein Ohr dringt durch all das Geflüster um mich herum eine Männerstimme voll Gewohnheitslangeweile. Das ist der Priester. Mein Auge sieht Gold und Prunk und Machtinsignien. Meine Beine kreischen vor Schmerz, sie können nicht stehen. Ich klemme meinen Po auf den Sockel einer Säule, wenigstens halb. Bin müde und dreckig. Nie, niemals habe ich mir das Ende so vorgestellt. Ich bin erschüttert und den Tränen nahe. Vor Erschöpfung und Enttäuschung. Gut, dass mein Herz auf dem Monte de Gozo schon ankam!

Am nächsten Tag gehen wir in einer langen Reihe von Pilgern durch die Puerta de Perdon, legen die Hand an die Jakobusstatue in der Kathedrale und erfüllen das Ritual, das zur Ankunft gehört.

Der Camino ist zu Ende.

Wir gönnen uns zwei Tage Erholung in einem kleinen Hotelzimmer mit Meerblick in Finisterre. Ich sitze am Strand und höre den Wellen zu.

Sonst nichts.

Etwas später geht vor mir der Vollmond auf. Groß und Mandarinen-farbig. Von Vollmond zu Vollmond sind wir unterwegs gewesen auf diesem Camino Francès, der so ganz anders war, als erwartet. Die großen inneren Abenteuer sind ausgeblieben. Sie gehören in meiner Erinnerung unauslöschbar zu unserem einsamen Weg durch Frankreich.

Camino, welch Geschenk an die Seele.

~~~

Im November 2004 sinke ich wieder in dieses seltsame Gefühl des Fremd-Seins. Fremd in diesem Leben.

Da fahren Autos – wohin? – woher?

Was ist wesentlich? Ich stehe außen und bestaune fragend.

Ich rauche – verboten? Das Leben ist ein Spiel – spiele es! Wesentlich: das Herz leben und das Licht bringen. Ich bin eine Fremde. In Weiladingen ist alles gut; aber ich bin eine Fremde. Hier ist mein Herz nicht geboren. Aber in meiner Geburtsstadt Bremen hätte ich wahrscheinlich dasselbe Gefühl.

Ein typisches Erlebnis: David putzt unserem Hund Unja nach dem Fressen die Schnauze ab. Das ist sinnvoll und selbstverständlich. Ich schaue zu und plötzlich kippt das Bild vor meinem inneren Auge wie ein Dia, das sich in der Wärme wölbt, und dieses Fremd-Sein übermächtigt mich. Ich schaue dieselbe Szene an und denke: „Was für ein absurdes Theater!"

Es ist nicht mein Verstand, der das denkt, es ist eine andere unbenennbare Ebene. Und es macht mich unendlich traurig. Was ist das für ein Theater–Spiel, dieses Leben? Ich betrachte es, ich spiele mit und bleibe doch Betrachterin. Außen vor.

> TRAUER
> über das SO-SEIN
> des MENSCH-SEIN
>
> > NICHT-NÄHE
> > und MISSVERSTEHEN
>
> Und das ewige Ringen darum,
> beides zu verändern,
> damit LIEBE spürbar werde.
>
> > > OHNE ERFOLG

Ich werde meine Aufgabe in der Schule erledigen, so gut ich kann, bis zum Ende. Dann werde ich sterben. „Viel zu früh" sagen vielleicht einige. Aber ich werde meine Aufgabe erfüllt haben. Alles Weitere wird mir nicht vergönnt sein, weil ich mich zu sehr danach sehne. Mein Leben ist Pflicht. Läuft meine Pflicht aus, wird auch mein Leben auslaufen. Mein jetziger Alltag zeigt es schon: es gibt kein Verschnaufen. Ich darf nicht ausruhen, immer ist ein Tun angesagt. So ist wohl das Leben. Und ich erfülle es, so gut ich kann und bleibe fremd. GOTT hat mich hierher gebracht, weil ich hier etwas Passendes zu leben habe. Aber bin ich in diesem Leben zuhause? Ich

erkläre mich einverstanden und erfülle, was für mich vorgesehen ist, so gut ich kann. Aber mein Herzblut hängt nicht daran. Ich bin fremd. Ist alles bloß Theater. Zugegeben: schönes Theater. Aber Theater. Ob sich mein Herz je wieder begeistern kann?
Oder ist dies alles eine Folge von „erkenne emotionslos"?

Ausnahmsweise ist es mein Schulalltag, der mich wieder aufbaut! Die Klasse, die ich im September neu übernommen habe, ist nett und relativ lernwillig. Die Eltern der Schüler kümmern sich zu einem hohen Anteil um das Schulgeschehen. So macht Schule Spaß! Es ist mir wie ein Geschenk nach den letzten drei Jahren. David ist glücklich über seine „neue" Frau. Ich kann wieder lachen und fröhlich sein. Und bin so dankbar. Die spirituelle Reise macht Pause.

Erst nach drei Monaten, im Februar 2005, steige ich wieder hinab in finstere Tiefen. Das Fremd-Sein kommt zurück und die Ratlosigkeit über das Leben.
Ich hänge im Steilhang ohne Sicherung, ohne Seil, ohne Wissen.
Ich weiß nicht, was ist.
Alles ist weg und doch ist alles da.
GOTT ist weg und doch da.
Die Wolke des Nicht-Wissens?
Nicht-Wissen zulassen. Aushalten. Vertrauen!
Das Nicht-Wissen gehört zum Weg.
Da ist etwas Neues zwischen GOTT und mir. SEINE Präsenz in meinem Leben ist vergangen, es gibt nur noch ein silbernes „Versorgungsband", eine Art Notprogramm. Für mich passende Sätze finde ich im Buch „Der Weg zum Christusbewusstsein" von Jim Marion.

- …Weitaus schlimmer ist, dass viele Menschen GOTT auf dieser Stufe verloren haben. …und wir kennen keinen anderen GOTT, der diesen GOTT ersetzen könnte, den wir verloren haben. (S.75)
- …war ich oft verlassen und hatte das Gefühl, ich hätte GOTT verloren. Ich glaubte noch immer an GOTT, vertraute auf GOTT, aber wusste nicht, wer oder was GOTT war, und ich konnte auch nichts fühlen, was ich als GOTT hätte bezeichnen können. (S. 132)

Manchmal lässt mich dieser Zustand verzweifeln, manchmal abgrundtief traurig sein. Dann wieder ist es ganz selbstverständlich „der Weg".

Ich könnte auch sagen: GOTT ist tot – es lebe GOTT.

Obwohl es überhaupt keinen Sinn macht. Ich habe GOTT verloren, aber GOTT ist noch da und irgendwann wird er wiederkommen. Aber anders.

Und ich sitze im Darshan, schaue dieses kleine Persönchen Mutter Meera an und frage mich und GOTT und die Welt: „Wer ist das?" oder „Was ist SIE?" Und alles ist mehr denn je ein Rätsel.

Seit zehn Jahren kommen wir nun schon zu Ihr und alles ist so rätselhaft, dass ich mich ganz bewusst daran festhalten muss, was wir schon alles an Geschenken erlebt haben durch Mutter Meeras Sein. Durch Ihre Wegbegleitung. Ich halte mich fest: dies ist ein guter Ort hier. Ein Ort, der mich immer mehr geheilt hat. Emma, lauf nicht weg!

Dann „zaubert" SIE wieder! In meinem Tagebuch steht Anfang Februar 2005:

Alles wird gut! Es ist gut für uns gesorgt. Auch für mich. Wem sollte ich trauen, wenn nicht GOTT und Mutter Meera? Ich hab immer den „Königsweg" gewollt. Nun ist er da und er ist mir nicht angenehm genug?! Gekniffen wird nicht!

GOTT wandelt sich. Lange schon ist vergangen der VATER in personam. Er ist aufgeblüht in Mutter Meera. Jenseits von Begreifen und Christ-GOTT. Sich enthüllend aus der

Haut eines Fixpunktes in Sachen Glauben, hinein in eine Weite ohne Rand und Mitte, und ungeklärt das Außen – Innen.

GOTT als NICHT-GOTT.

Und da ist so eine unendliche Weite, ein Sein ohne Ende, in dem alles wahr ist und Sinn macht. Ich weiß es, aber ich kann es nicht denken. Ich stamme von dort, doch bin nicht dort. Es formt mich in dieser Welt, aber ich kann die Zwei nicht vereinen: hier und dort. Ist diese Weite GOTT? Und wo hinein gehört Mutter Meera? Diese Unendlichkeit ist so umfassend, so weit. Und SIE so nah, so konkret.

Die Weite formt die Welt - und Mutter Meera?

Fühle ich dieses Sein im Unendlichen, ist das Leben ein emotionsloser Ablauf. Alles Böse, alles Vernichtende IST. Weil es zum Lauf hinzu gehört. Es ist nicht wirklich schlimm, vielleicht sogar not-wendig auf dem Weg ins Licht. Und alles Drama und Verzweifeln ist sinn-los, denn es/ES muss seinen Gang gehen. Durch alles Böse, durch alles Leid hindurch zum Licht. Wir müssen ertragen, tragen in Geduld. Und müssen tun, was ES braucht. Die einen Böses, die anderen Licht. Bis das ganze Gefüge sich gemeinsam erhebt.

Und für mich persönlich? Welches Leben braucht ES, welche Disziplin? Meditation, Beten, Mutter Meera? Kein Fisch, kein Fleisch und Alkohol und Zigaretten? Braucht der Weg Verzicht oder geht er sich selbst?

Alles ist GOTT. „Genussmittel" nicht? Man sagt: Ich könne die Weite/GOTT nicht leben mit irdischen Genüssen, mit irdischer Lust, weil sie Bindungen schüfen an die Welt, die doch überwunden werden soll. Aber wieso soll ich überwinden, worin ich leben muss, worin mein Handeln gebraucht wird? Vielleicht braucht ES gar nicht die individuelle, sondern die kollektive Evolution. Das Mit-Tanzen, das Einbringen vom eigenen Rhythmus als Dienst für das Ganze – und nicht das Herausziehen, das Entfremden aus der Welt. Weltfremd kann ich nicht dienen, kann ich ES nicht mehr passend machen für die Welt.

voll
und doch
leer

sehnsucht
wörter zu finden
die innere dichte
nach außen zu dichten

doch
kein sinn
stimmt
kein wort
kann klären
was innen
drückt
und fragt

was ist nur
mit mir

und GOTT

Trotz allem weiß ich genau, dass ich glaube. Ganz sicher. Nur woran? Vor Mutter Meera kniend prüfe ich mich. Ja, hier bin ich richtig. Aber wer ist SIE? Früher habe ich SIE verglichen mit Jesus. Eine GOTT-Person. Aber nun ist alles ins Wanken geraten.

Auf meiner Suche nach GOTT und Sinn lese ich das Buch „Das göttliche Leben" von Sri Aurobindo. Es ist so anspruchsvoll, dass mein Gehirn knackst. Ich muss Stichwörter herausschreiben, um diese hochphilosophische Sprache in „mein" Deutsch zu übersetzen. Ich verstehe nicht alles, aber meine Seele seufzt oft auf! Da stehen passende Wörter. Wofür? In meinem Kopf entsteht ein vages Modell eines Kosmos, der in Evolution begriffen ist. Vieles, was Aurobindo sagt, schüttelt meine Begriffe durcheinander.
GOTT - was ist das? Passt nicht besser: NICHT-GOTT?
ALL? EINES? Und wer zum Teufel - TEUFEL? - bin ich?
Und wer ist Mutter Meera? Wie passt SIE in dieses Bild? Göttliche Mutter? Mensch? Wie bringe ich SIE unter in diesem NICHT-GOTT-Kosmos in Evolution des Geistigen? Vielleicht ist es gar nicht so wichtig, einen Begriff zu finden.
Ich spüre ES; ich glaube ES; ich weiß ES.

~~~

Ende Juni 2005 sehen wir Mutter Meera zum ersten Mal außerhalb des Darshan-Raumes. SIE trägt Hosen statt des Sari und steigt ganz normal aus einem Auto, um in ein Haus zu gehen. Hier ist SIE eine Andere. Meine

Schwierigkeiten mit Ihr als Person lösen sich auf. SIE ist zwei: ein Mensch mit einem Körper und eine Göttlichkeit mit Fähigkeiten, die das Mensch-Sein übersteigen. Person und Göttliche Mutter – alles zu seiner Zeit.

~~~

Im nächsten halben Jahr plagen mich Träume, in denen ich einen Bus verpasse und in verschiedenen Situationen scheitere. Besorgt frage ich mich, was ich falsch mache, ob ich etwas Entscheidendes auf meinem Weg übersehe, doch ich finde keine Antwort, nicht in mir und nicht in den Traumbotschaften. Ich muss es aushalten, muss standhaft bleiben trotz Verunsicherung. Will man mich auf die Probe stellen? Mich und meinen Glauben?

In einer Shiatsu-Behandlung im Januar 2006 suche ich Klarheit zu finden. Wie aus dem Nichts entsteht der Satz in mir:
„Nimm mich in dein Handeln mit auf". Tränen steigen auf, Tränen des Bittens und Versprechens. Berührt-Sein.
Lisa, die Heilpraktikerin, sieht wieder das kleine Mädchen, das ich schon kenne. Es richtet sich auf. Ganz viel Heiligkeit umstrahlt es. Die Wörter „Milde" und „Sanftheit" entstehen, als Lisa meine linke Schulter bearbeitet. Milde und Sanftheit fehlen in meinem Handeln, das eher burschikos ist. Ich weiß es. Wie kann ich sie in mein Handeln integrieren ohne unaufrichtig zu werden? Ich werde Mutter Meera im nächsten Darshan um eine Antwort bitten.

Kaum gedacht, ist sie schon da: „REDE sanft." Eine Herausforderung! So viele Sätze gehen über meine Lippen, die zumindest vom Tonfall forsch und fordernd oder ironisch sind! Oft genug ist auch die Wortwahl alles andere als sanft. So mache ich es mir zur Gewohnheit, meine Sätze und die anderer Personen zu überprüfen. Manchmal erkenne ich deren Qualität nicht einmal! Sicher bin ich im Falle der Ironie. Sie ist niemals sanft, immer sticht sie mit einem Stachel. Ich bin oft ironisch. „REDE sanft", das ist schwer für mich. Doch es ist die einzig passende Antwort auf meine Zweifel, die mich im Zusammenhang mit meiner Missachtung von Freunden plagten (siehe Kapitel 2): „Unklar blieb mir, wie ich denn trotzdem meiner Meinung Gehör verschaffen konnte. Ich wollte ja nicht verstummen und zu allem JA sagen." Rede sanft. Ich kann lernen meinen Widerstand sanft zu formulieren. David kann die schwierigsten Wahrheiten anderen so sagen, dass diese sie mit einem wissenden Lächeln annehmen können. Ohne Verletzung! Die Güte meines Redens kann ich nur im Nachhinein erforschen. Es gelingt mir nicht, Sanftheit bewusst einfließen zu lassen. Das ist mir alles so peinlich, dass ich David nichts davon erzähle. Ich muss erst „etwas besser" werden und es vorerst mit mir allein abmachen.

Aber geht das denn überhaupt? Ich kann „REDE sanft" nicht MACHEN. Ich kann nicht sanft reden ohne sanft zu sein. Wie kann ich sanft sein, wenn mein gewohntes Naturell so zupackend ist? Was liegt da in meiner Macht und was macht das Leben? Kann ich wirklich etwas wollen im Leben oder geschieht das Leben und nimmt mich mit?

Ein Gespräch mit meiner Freundin aus Bremen schafft Klärung. Sie hilft mir zu erkennen:
Bei meinem Bestreben „Sanftheit" zu leben, kann es nicht darum gehen, mein ganzes Wesen zu ändern.
Meine Entschlusskraft und das Durchsetzungsvermögen sind positive Kräfte, mit denen ich für mich und andere Hilfreiches bewirken kann. Sie stehen nicht gegen „Sanftheit". Nur wenn ich diese Kräfte und meine Sprache quasi als Waffe gegen Personen einsetze, sie beleidige oder majorisiere, dann zerstört das die Sanftheit. Dann herrscht „der Schwarze" in mir.
Ganz besonders gilt die Aufforderung „Rede sanft" für meine „böse Zunge", mit der ich ungeliebte Schüler verletzen kann. Diese Veränderung in meiner Ausdrucksweise traue ich mir zu. Sie könnte gelingen. Ein Teil meiner Vernichtungskraft könnte sich so auflösen.

~~~

Während einer Auseinandersetzung mit einem Freund fallen Wörter, die groß daher kommen und mein Gedanken-Durcheinander aufmischen: „Alles aufgeben, alles, was einem lieb ist und das Leben ausmacht. Im Leben sterben. Fliegen."
Was heißt das denn? „In dieser Welt sein – aber nicht von dieser Welt sein." Warum? Stärkt das die Liebe? Ich will Liebe leben können!
Und GOTT-Nähe. Leuchtend. Stabil. Wesentlich. Endlos.
Das soll meine Orientierung sein in der ganzen Ratlosigkeit.

SIE/ER wird mich führen durch all diese Fragezeichen und Begriffsverwirrungen.

Doch dann eskaliert alles für mich. Alle „Wahrheiten" stürmen auf mich ein. Jeder hat seine eigene Realitätssicht und hält sie für das A und O: David, der Freund, Brigitte, Joachim – alle. Sie reden von „höher" und „weiter" bei der Beschreibung der menschlichen Entwicklung und missachten: du sollst nicht werten. Sie benutzen Begriffe, die sie kaum erklären können für etwas, was sie gelesen und nie erfahren haben. Und wenn das, was sie gelesen haben nur die subjektive Wahrheit des Autors ist? Kann es denn Ziel einer Menschheit, einer sozialen Gemeinschaft sein, dass sich jeder auf sich selbst zurückzieht, um erleuchtet zu werden? Vielleicht ist das für Einzelne ein passendes Lebenskonzept, aber für Otto Normalbürger? All die Fragen verschlingen mich.

Wohin geht mein Weg?

Wieder bei Mutter Meera, in Ihren Händen, weiß ich sicher: Hier bin ich richtig. Hierher gehöre ich. All die Wörter von anderen sind deren Versuch, sich die Welt zu erklären; aber sie sind nicht für alle Menschen das unumstößliche Lebensziel. Ich kann ihre Ideen prüfen, aber ich muss meinen eigenen Weg finden und über ihren Bewertungen stehen. In einem der letzten Darshans saß ich so, dass ich Mutter Meera und dahinter David in einem Blick hatte, und ich wusste: das sind die Zwei, an denen ich mich orientieren will. Mutter Meera zuerst, dann David. SIE bewertet mich nicht. Und Davids Wertung der Welt muss ich nicht übernehmen. Die

„TochterMaus" hat Eigenes im Sinn. Ich will den Weg finden, auf dem ich mich wohl und richtig fühle.

GEH NACH DEINEM HERZEN

Dieser Satz soll mich leiten.

~~~

Anfang Oktober 2006 sind wir wieder bei Mutter Meera und dürfen in Ihrem Darshan-Haus wohnen. Gegen achtzehn Uhr klopft es an unserer Zimmertür und Adilakshmi kommt herein. Sie bittet uns, unsere Berufe aufzuschreiben und seit wie vielen Jahren wir arbeiten. Sie möchte außerdem wissen, wie alt die Schüler sind, die ich gerade unterrichte. Wir trauen uns nicht, Fragen zu stellen. Erst als sie weg ist, lassen wir unsere Verwunderung zu. Will Mutter Meera unsere Arbeit jetzt noch mehr segnen? Kurze Zeit später kommt Adilakshmi wieder und reicht mir mit bedeutungsvollem Blick einen PC-Ausdruck. Ich lese, dass Mutter Meera eine Kindertagesstätte einrichten will und Mitarbeiter/innen und einen Leiter/eine Leiterin sucht. „Willst du dich bewerben?", fragt mich Adilakshmi. Meine Augen weiten sich. Ich? Meinen Einwand, ich sei nicht für so kleine Kinder ausgebildet, quittiert sie mit einer Handbewegung: egal. Ich bin völlig durcheinander, weiß vor Aufregung gar nicht, was ich sagen oder fragen soll. „Du kannst es dir überlegen." Und weg ist sie.

Erschüttert bleiben wir zurück. David hat panische Angst vor dem finanziellen Ruin, wenn ich vorzeitig aus dem

Beamtentum ausscheiden würde, um bei Mutter Meera ehrenamtlich zu arbeiten. Er spricht von „Abgrund". Und ich bin im „Himmel"! Mein Herz jubelt, so dicht bei IHR leben und arbeiten zu dürfen. Die pädagogische Aufgabe lockt mich sehr. Die Finanzen werden sich schon irgendwie regeln. Auch das wird Mutter Meera leiten.

Nach dem Darshan bittet Adilakshmi mich zu sich und beauftragt mich, Devotees (Anhänger von Mutter Meera) zu finden, die Erzieherinnen sind und das Projekt mit hochziehen können. Und bis zum nächsten Besuch könnten wir uns Fragen überlegen, die sie dann beantworten würde.

Ist es denn schon sicher, dass ich mich positiv entscheide? Der Beginn der Kita-Planung hänge davon ab, wann die Leute beieinander seien. „Und David?" frage ich. „Ja, auch David. Wir brauchen viele.", sagt sie mit fester Stimme.

Später am Abend erzähle ich einer Freund n, die auch im Darshan-Haus wohnt, von diesen Neuigkeiten. Sie ist ganz begeistert und meint, bessere Leute als David und mich hätte Mutter für diese Aufgabe nicht auswählen können.

Mein Jubel verstärkt sich. Davids Panik auch.

Es ist genau das, was wir uns immer erträumt haben: bei Mutter Meera leben und für SIE arbeiten. Nur: es kommt acht Jahre früher, als wir dachten und ist damit eine organisatorische Herausforderung. Aber nicht nur eine organisatorische. Es liest sich so leicht in spirituellen Büchern, dass man im Leben „alles loslassen" wird, um sich ganz dem Göttlichen zu widmen. Jetzt, in der aktuellen Situation, erlebe ich, dass man plötzlich doch an Familie, Haus, Geld und gewohnter Sicherheit hängen kann. Trotz des Wissens um den Weg zu GOTT. Ungeahnte Ängste können übermächtig werden und innen und außen bricht Panik aus. Die „Kita-Geschichte" erschüttert auch unsere inneren Lebensmuster.

Zurück in Weiladingen ruft Adilakshmi David an, während ich gerade auf einem Hundespaziergang bin. Sie erkundigt sich nach seinem Befinden und stellt in Aussicht, dass wir unsere Fragen auch mit Mutter Meera persönlich besprechen können. Persönlich! Noch nie habe ich Ihre Stimme gehört.

David hatte sich ganz entgegen seinem sonstigen Verhalten vor dem Hundegang gedrückt. Nun weiß ich, warum. Das Telefongespräch mit Adilakshmi war für ihn, nur für ihn. Und tatsächlich zeigt sich am nächsten Tag ein deutlicher Stimmungsumschwung bei ihm. Jetzt kenne ich ihn wieder! Er kalkuliert Möglichkeiten und Unmögliches und macht nicht mehr den Eindruck in Panik unterzugehen.

Es gibt kein Zurück. GOTT ruft mich, da kann es kein „Nein" geben. Es wird sich eine Möglichkeit auftun, mich vom Schuldienst beurlauben zu lassen. Ich bin voller Zuversicht, sammle Material über Kindertagesstätten und mache Pläne.

SIE hat mich ausgewählt! Ich kann mein Glück kaum fassen. Das Gefühl ist so groß! Kein Wort passt dafür.

Schlaflose Nächte: kann es klappen? Hindernisse schwinden. Und schließlich ist klar: es ist möglich! Es gibt einen Weg, aus der Schule auszusteigen.

Am 16.10.2006 schicke ich meine Bewerbungsunterlagen zu Mutter Meera. Am 17.10. 2006 ruft Adilakshmi an. Diesmal bin nur ich zuhause, denn dieser Anruf ist für mich, nur für mich. Adilakshmi lacht und lacht. Sie sagt, es sei ein Irrtum. Wir sollen bloß den PC-Ausdruck auf richtiges Deutsch überprüfen! Sie brauchen meine Bewerbung nicht. Ich soll in Weiladingen bleiben und meine Arbeit tun. Sie fragt: „Und David?" Ich blicke nicht mehr durch, lache mit ihr, obwohl mir nach Wahnsinn zumute ist. Sie selbst hatte doch gesagt, dass auch für David Aufgaben da seien. „Wir brauchen viele", hieß es noch vor kurzem! Alles ein Irrtum?? Ich sollte andere Devotees zur Mitarbeit suchen! Irrtum?? Meine Gedanken sausen verwirrt durch meinen Kopf. Wenigstens kann ich noch sagen, dass es schade ist. Dann legt sie auf. Hin und her treibt es mich durchs Wohnzimmer: Das könnt ihr doch nicht mit mir machen! Fassungslos: Das könnt ihr doch nicht mit mir machen!

Gedanken
- So ist das also. Na gut.
- Jetzt muss ich das alte Leben doch weitermachen. Noch acht Jahre!
- Was ist WAHRHEIT?
- Dort, wo ich mich am weitesten öffne, am stärksten mich anvertraue, geht man so mit mir um!
- Das könnt ihr doch nicht mit mir machen!
- Wo kann ich jetzt noch vertrauen? Welches Wort gilt? Gilt überhaupt eines?

- LOSLASSEN wie Irina Tweedy und wie Annette Kaiser. Solche Dramen gehören zum Lernprogramm des spirituellen Wegs.
- Ein ganz kleines Bisschen Erleichterung, dass keine Heldentaten zu bestehen sind.
- Kein Boden mehr unter den Füßen.
- Warum?
- Warum?

Freundin Stella versteht. Tröstet mich. Teilt meine Erschütterung. Liebe Freundin in der Not! Sie ist mir Herzens-nah wie nie zuvor. Sie gibt Impulse zum Nachdenken über die Lehre, die beabsichtigt sein könnte. Fragt nach Alternativen. In mir ist nur Ratlosigkeit.

Mein Kopf versucht sich zu retten: Vielleicht wird es in zwei bis drei Jahren Wirklichkeit.

Mein Ego gibt auf: Ach, dann eben nicht! In zwei bis drei Jahren bin ich zu alt. Ich schmeiß alles hin.

Mein Herz sagt: Es bleibt nur GOTT. GOTT hinter Mutter Meera. GOTT bleibt.

Ich bin über alle Maßen erschüttert und erschöpft. Dass Mutter Meera so mit mir umgegangen ist!! Dass SIE mein Vertrauen so enttäuscht hat!! Warum?

Ein Gespräch mit David bietet meinem Denken eine Vokabel an, die greift:

DEIN WILLE GESCHEHE - BEDINGUNGSLOS!

Auch, wenn der Wille heute so ist und in zwei Wochen das genaue Gegenteil. Nun hab ich eine Erklärung, aber die Schwere im Gefühl löst sich nicht auf. Meine Augen stehen voller Tränen, die nicht fließen. Mein Herz ist so schwer. Fühle mich so verwundet. Die Tage sind mir eine Last und am liebsten würde ich mich irgendwo verstecken. Allein sein mit dieser Unbegreiflichkeit. In der Stille der Natur dem Raum geben, was in mir schwelt – was immer es ist.

Am nächsten Wochenende werden wir wieder zu Mutter Meera fahren. Ich will und will nicht. Befürchte, mich in den letzten Wochen in ein Drama verrannt zu haben, das platzen wird wie eine Seifenblase. Was, wenn schon wieder alles anders ist? Wenn alles noch unbegreiflicher wird und ich es nicht tragen kann? Was soll ich sagen? Was fragen? Alles ist so jenseits von Sprache.
So hilf mir doch einer! Und muss es doch allein durchleben.

Die Zeit bei Mutter Meera löst meine Verunsicherung auf, obwohl ich nicht weiß, wodurch es geschieht. Ich fühle mich wieder stabiler. Hat SIE mich verändert?

Was ist WAHRHEIT?
- ➢ In Bezug auf einen alten Freund ging ich dreißig Jahre lang von einer Annahme aus, die sich als Täuschung erwies. Die Wahrheit war ganz anders, als gedacht.
- ➢ Meine Mutter lebte Jahrzehnte in einem psychischen Zustand, den wir als schizophrene Wahnvorstellung bezeichnen. Für sie war es die Wahrheit.

- ➤ Vierzehn Tage lang glaubte ich der Gewissheit, meine Lebensform in Kürze grundlegend zu verändern. Für SIE.
- ➤ Vierzehn Tage später muss ich mich damit abfinden, dass diese Wahrheit eine Täuschung ist.

Was ist WAHRHEIT? Welche Lehre steckt dahinter? Soll ich Langmut lernen? Lernen, nicht so schnell aufzugeben? Geduld und Zuversicht?

Dann gibt mir Adilakshmi meine Bewerbungsunterlagen zurück. Ich frage: Nein? Sie bestätigt: Nein. Ich frage noch einmal, sie bestätigt. Nun ist es endgültig.

Zu David sagt sie: „Jetzt brauchst du keine Angst mehr zu haben, dass Emma geht."

Als sie den von mir korrigierten PC-Ausdruck hat, geht sie eilig zur Tür. „Wenn wir euch brauchen, melden wir uns", sagt sie noch und ist verschwunden. Es klingt hoffnungslos.

Im Darshan bin ich ganz durcheinander. Als ich vor Mutter Meera knie, meine ich Tränen in Ihren Augen zu sehen, als täte es Ihr leid, dass alles so gekommen ist. Als träfe es uns beide schwer. Aber wahrscheinlich täusche ich mich. Ich versinke in einem Meer aus Tränen. Und David? Er sagt, sein Herz sei traurig und enttäuscht, aber sein Alltags-Ich erleichtert. Nach wie vor sei für ihn unsere Kompromiss-Idee einer Wochenend-Ehe denkbar. Er in Weiladingen, ich bei Mutter Meera. Aber dieser Traum ist ausgeträumt. Manche machen die Rechnung ohne den Wirt. Ich habe sie ohne David gemacht. Ich schreibe Mutter Meera einen Brief, in dem ich mich

bedanke und unsere Bereitschaft signalisiere, doch noch zu Ihr zu ziehen. Irgendwann. Ich liste die Bedingungen auf, unter denen wir „anständig" aus unseren Berufen aussteigen können. Nun hab ich alles gemacht, was mir noch übrig blieb.
Nun müssen nur noch die tiefen Wunden heilen.

Mit David versuche ich Ende Oktober ein Sortieren unserer Gedanken. Es wird ein Gespräch, das uns Klarheit schenkt und uns wieder einstimmiger macht. Im Prinzip gibt es zwei Möglichkeiten: Entweder war von Anfang an geplant, dass ich lerne: „DEIN Wille geschehe". Oder Mutter Meera hat sich in der Reaktion von David verschätzt und will ihn jetzt schützen. Aber was nützt schon eine Erklärung? Fakt ist, dass es so ist, wie es ist. Nichts kann dies ändern.
Positiv bei all den Problemen der letzten Zeit ist für uns beide die Erfahrung, dass wir unter allem, was war, ein stabiles Fundament fühlten, das uns trägt. Uns gemeinsam in der Beziehung und jeden auch einzeln. Wie ein tiefes Meer, das in seinem Urgrund ruht, auch wenn an der Oberfläche gerade ein Sturm Wellen schlägt. GOTT bleibt. Und das ist sehr tröstlich.

Ansonsten beschäftigen mich wieder die Gedanken um „Wahrheit". Diesmal hätten wir drei zur Auswahl:
> Adilakshmi sagt: Es sei alles ihre „Schuld". Sie will lernen, genauer zu formulieren.
> Emma denkt: Sie haben einen Rückzieher gemacht, um David vor seiner Angst zu bewahren.

➢ David bewundert: Präzisionsarbeit. Jeder hat seine Lernaufgabe bekommen.

Wahrheit ist subjektiv. Und: Meine Wahrheit ist nicht unabhängig von Davids, denn seine schränkt meine ein und beeinflusst auch die von anderen Personen, die mit in diesem Geflecht agieren. Ich nehme isoliert „wahr"(!), aber ich kann nicht isoliert handeln.

Und wie steht es dann mit meiner „Freiheit"? Bei Sai Baba habe ich irgendwo gelesen: „Du bist frei, wenn du gern tust, was du tun musst." Na prima!

David erinnert sich an eine Formulierung, die er in dem Buch „Der Weg durchs Feuer" von Irina Tweedy gelesen hat: >Zerstörer der Bilder< Das passt! SIE zerstört meine Bilder von Ihr, von David, von Wahrheit, von Verlässlichkeit, von Freiheit. Und von GOTT.

Und nun?

Ich sehe das Foto von Jesus an, das Sai Baba materialisierte. Ich sehe das Foto von Mutter Meera an. Und sie sind wie Bojen auf diesem tosenden Meer, aber ich erreiche sie nicht. Ich treibe in diesem Meer der Haltlosigkeit dahin und erreiche sie nicht. Das Laufen fällt mir schwer, weil sich kein Rhythmus einstellt. Das Gucken fällt mir schwer, weil sich die Augen nicht fokussieren lassen. Ich schaue den Teppich an und weiß nicht, ob er wirklich wirklich ist. Argwöhnisch blicke ich um mich. Fängt so Verrückt-Werden an?

Ich. Wer oder was ist dieses „Ich"? Lebe „ich" oder werde „ich" gelebt? Hab ich überhaupt etwas zu melden in diesem Gefüge? Aber „Nicht-Ich" bin ich auch nicht. Es gibt mich ja immerhin. Ich kann mich anfassen und von anderen unterscheiden. Aber ich bin nicht isoliert denkbar. Seltsam.

Das Buch „Der Weg hat keinen Namen" von Annette Kaiser begleitete mich durch die letzten Wochen. Parallel zu dem, was ich erlebte und in meinem Tagebuch festhielt, las ich bei Annette Kaiser fast die gleichen Wörter und Sätze! Das war mir Halt. Offenbar war das, was mir geschah, kein Einzelfall.

Doch: Wer oder was bin ich? Bin ich die Agierende oder die Annehmende? Mein Innen und Außen kann ich unterscheiden: Herzraum und Tatendrang, Schmetterlingsfee und Schwarzer. Diesen Herzensraum, dieses „andere Ich", meinen Wesenskern glaube ich körperlich spüren zu können. Es ist so ein weiter, stiller Druck im Brustraum. In ihm ist es weich, in Frieden dunkel, still, ruhig, wissend und annehmend. Manchmal tränennah vor Berührtsein, manchmal berstend vor Glückseligkeit. Innen-Raum. Heimat.

Und: Wer oder was ist GOTT? Woran glaube ich?

Am 14.11.2006 schreibe ich in mein Tagebuch:

Das, woran ich glaube, wird immer unpersönlicher. Es ist wie eine Kraft, ein Streben und gleichzeitig ein Sein. Es löst sich immer mehr von Mutter Meera. Vor der heutigen Meditation musste ich Ihr Foto vom Altar wegnehmen und nur eine einzige dicke Kerze anzünden. Ein alter Zen-Spruch fällt mir ein: „Triffst du Buddha unterwegs, töte ihn." Bin ich dabei, mich von der menschlichen Form der Höchsten Wahrheit abzulösen? Muss die Autorität „Mutter Meera" in mir sterben?

WENN	Wahr-Nehmung eher eine Möglichkeits-Nehmung ist und sie die Realität so fragwürdig erscheinen lässt
WENN	ich nicht allein nach meiner Wahrnehmung handeln kann, weil ich vernetzt bin mit all den anderen Wahrnehmungen, die die Realität meines „Ichs" so fragwürdig erscheinen lassen
WENN	ich vielleicht „nur" ein Gefäß bin, in dem sich die Schöpfung ausdrückt und Leben sich verwirklicht
WENN	meine Person gar nicht wirklich wirklich ist, obwohl ich sie anfassen und spüren kann
WENN	„nur" die Essenz, der Kern wahr ist

WAS IST DANN GOTT?

Ist er eben gerade dieser Kern? Dieses EINE?
Dann ist ER **in** mir
und sonst nirgends „da draußen".
Und wie kann ich dann beten? Bitten? Danken?
Eigentlich bleibt dann ausschließlich:
SICH ERGEBEN - HORCHEN AUF.
„DEIN Wille geschehe"? ES geschehe!
Alles geschehe - nichts geschehe. Es ist einerlei.
Und wer ist Mutter Meera ohne GOTT?
Dieser Wandel im Denken spiegelt sich auf der Körperebene. Etwas scheint auch dort im Umbruch. Vielleicht in den Zellen oder besser: dazwischen - wenn es das gibt. Es ist ein seltsames Gefühl, das keine

passende Ausdrucksmöglichkeit findet. Weder mit Worten noch im Handeln. Nichts kann verdeutlichen, was sich groß und ruhend in mir ausbreitet.

Die Verbeugung zu Beginn und am Ende meiner Meditationszeiten – hat sie noch Sinn? Vor wem verbeuge ich mich, wenn Mutter Meeras Foto nicht mehr auf dem Altar steht und ER doch **in** mir ist?
Vollzieht sich in mir ein „Epochen-Schritt"? Der äußere GOTT gilt überall um mich herum und für mein Neues gibt es keine Wörter.
Vielleicht gilt es, das Unbegreifliche so stehen zu lassen und mein Wissen von mir selbst um dieses Rätselhafte zu erweitern. Vielleicht müssen wir zulassen, dass „GOTT/wir/das Sein" nicht erklärbar und auch nicht begründbar sind.
Einen Monat später muss ich das Foto von Mutter Meera wieder auf den Altar stellen. Nicht, weil ich SIE anbeten will. Es ist für mich. Ich hatte das Gefühl, den Kontakt zu meinem inneren Wesens-Kern zu verlieren. Der Ausdruck Ihrer Augen und die Energie des Fotos schwingen gleich wie der Wesenskern in mir. So ist SIE wie eine Straße zu mir. Mutter Meera spiegelt mir meinen Göttlichen Kern.

Welches waren eigentlich meine Motive, die Leitung von Mutter Meeras Kindertagesstätte übernehmen zu wollen? Beruflich schien es mir als Erfüllung, alle meine Erfahrungen von guter Erziehung in die Tat umsetzen zu können. Welch glückverheißende Herausforderung! Spirituell fühlte ich mich gebauchpinselt: SIE hat mich ausgewählt! All meine Zweifel, ob ich richtig sei, waren damit vom Tisch gefegt. ICH. ICH bin auserwählt! Ego-Stolz-Äußerlichkeit. Alles andere als Wesenswahrheit. In der Bewerbung im Oktober schrieb ich: „Die Krönung meines Lebenswegs." Und schon jetzt, zwei Monate später, weiß ich: die Krönung kann nur innen sein, niemals im Außen. Ob Schule oder Kita oder ganz etwas anderes – das ist nur die Form. Das Wesen ist in mir, ist das, was in allen äußeren Formen bestehen bleibt. Jemand sagte: Sei, wo du bist, wesentlich.

Dieser Tatendrang, dieses Brennen, mich mit meinen Fähigkeiten einzubringen, ist das Ego-Stolz? Für das nächste Schuljahr hat sich bei uns an der Schule die Situation ergeben, dass niemand die erste Klasse übernehmen will. Soll ich wieder in die Grundschule wechseln? Es wäre eine Möglichkeit, all die neuen Reformansätze und Erkenntnisse über selbstbestimmtes Lernen auf unsere Schule passend umzusetzen und Neues zu wagen. Ich bin von der Sache begeistert. Oder brennt es in mir, weil ich aus egoistischen Gründen den Erfolg suche? So ganz im Geheimen? Das, was ich spüre, ist die verlockende Idee. „Du bist frei, wenn du gern tust, was du tun musst". Gilt das hier? Eine gehörige Portion Selbstbewusstsein ist zwar dabei, aber die braucht man ja auch für die Verwirklichung von sinnvollen Neuerungen. Oder? Ich erlebe Offenheit in mir: entweder die erste Klasse oder das fünftes Schuljahr. Beides ist ok für mich. Freiheit? Ja, Sai Baba. Das macht mich frei. In dieser gefühlten Freiheit gesellt sich zu den beiden schulischen Möglichkeiten nun plötzlich auch die

Kita wieder! Und ich dachte, dieses Thema sei vorbei. Offenheit.

Meine Kollegen und besonders meinen Rektor erlebe ich schmerzlich verstrickt in diverse Wünsche, Abneigungen und Vorstellungen. Dadurch wird alles sehr kompliziert in der Entscheidungsfindung und leider fließt auch böses Blut zwischen den beteiligten Personen.

Sich ergeben und sich mit Herzblut einfügen macht so viel glücklicher! Negative Seiten gibt es bei jeder Lösung. Man muss sich davor hüten, nur sie in den Blick zu nehmen.

WAHRHEIT - „die Dritte":
Welche Ent-Täuschungen hab ich eigentlich in der letzten Zeit durchlebt? Zu welchen Wahrheiten bin ich geführt worden?

WAHRHEIT gibt es nicht als verlässliche Größe, die für alle Personen und Gelegenheiten gilt. Ich muss bereit sein, immer neue, veränderte Wahrheiten anzunehmen ohne an meinen Vorstellungen zu kleben.
Doch ETWAS bleibt.

WAHRHEIT im GÖTTLICHEN bleibt.

Und was sind „meine" Wahrheiten?

ICH LEBE NICHT
Das Leben lebt mich. Das GÖTTLICHE und auch das Täuschungs-Leben führen mich. Mein Wille ist untergeordnet, denn ich bin Teil des Gefüges.

ICH BIN MITMACHERIN

nicht Bestimmerin. Eigentlich hab ich nichts zu melden, aber trotzdem ist es nicht egal, wie ich mich verhalte. Bin ich ein kleines Rädchen mit großer Verantwortung? Wertvolle Wertlosigkeit.

ICH BIN WERT

denn in mir ist GÖTTLICH-Sein. Aber mein Wille ist nicht mein Wert.

In GOTT ist Sicherheit - im Leben ist Wandel.
Mein Herz weiß das. Und es weiß auch: Meine Großartigkeit besteht nicht darin, dass ICH ICH bin, sondern darin, dass ich EIN TEIL DES GANZEN BIN.

Das Jahr 2007 beginnt mit dem Motto:
NIMM AN, WAS IST.
Es wird mir im Darshan geschenkt.
Und WAS IST?

NICHTWISSEN UM GOTT
Seit des Wegfalls des personalen GOTTES suche ich in
Büchern nach Klarheit und Antworten; will ich das
Unbeschreibbare lesen und verstehen; ich suche Wörter
für das Wortlose.
→ Ich weiß nicht, was GOTT ist.

NICHTWISSEN UM MUTTER MEERA
Wenn SIE nicht Mittlerin zwischen GOTT und mir ist, wer
ist SIE dann? GOTT ist in mir und SIE ist außen. Oder?
Und doch hat SIE Fähigkeiten, die menschliches
Vermögen übersteigen.
→ Ich weiß nicht, wer MUTTER MEERA ist.

NICHTWISSEN UM MEINE ESSENZ
Man sagt, der größte Anteil von mir sei „falsch", sei Ego.
Mein Wesenskern sei das Wahre. Doch dieser Kern ist
nicht beschreibbar, ist jenseits der Wörter. Wie kann ich
ihn leben?
→ Ich weiß nicht, wie ich mich leben kann.

Ich weiß nicht, was GOTT ist. Ich weiß nicht, wer MUTTER MEERA ist. Ich weiß nicht, wie ich mich leben kann.

NIMM AN, WAS IST.

Vor lauter Nicht-Wissen bleibt mir nur eins: Vertrauen. SIE hat mich bis hierher geführt, SIE wird mich auch weiter führen. Und mein Verstehen-Wollen stört vielleicht bloß.

Doch meine Unzufriedenheit wächst wieder. Mein Blick auf alles, was ist, verdunkelt sich mit einem Vorhang aus Negativität. In mir ist kein Einklang. In mir ist Disharmonie. NIMM AN, WAS IST. Auch das!

Mitte Februar 2007 erlebe ich einen wunderbaren Darshan mit Mutter Meera, der mich stärkt. Nachdem SIE lange meinen Kopf in Ihren Händen gehalten hat, schmelze ich hinein in Ihren Blick. In Ihren Augen ist etwas, das auch in meinen ist.

EINS-SEIN blickt sich an. Mit unseren Augen.

Danke, Mutter Meera. Danke, GOTT.

Wer oder was immer ihr sein mögt.

~~~

Weiter kreisen meine Gedanken um die Verwirklichung meines Wunsches, nahe bei Mutter Meera leben zu können. Ich ersinne Möglichkeiten, die verschiedenen Fakten unseres Lebens zu vereinen: Schwiegermutter in Weiladingen, Mutter in Bremen, mein Herz bei Mutter Meera. Beide leiblichen Mütter sind in einem Alter, in dem sie vermehrt unsere Hilfe benötigen. Es kostet mich sehr viel Kraft, am Wochenende zweimal sieben Stunden mit dem ICE durch Deutschland zu rasen, um meiner Mutter für einen einzigen Tag zur Seite zu stehen. Und so wäre es eine gute Lösung nach Limburg zu ziehen, auf die Mitte zwischen beiden Müttern und nahe bei Mutter Meera. Mein Beruf lässt so viel Flexibilität zu, doch David sieht für sich große Probleme, beruflich, finanziell und familiär. Da haben wir sie wieder: meine Freiheit! Ich habe nicht nur einen Mann geheiratet, sondern auch eine Schwiegermutter, für die er sich verantwortlich fühlt. Und jetzt, wo sie so oft krank ist, gilt natürlich auch seine alte Zusicherung aus dem Jahre 1988 nicht mehr, dass wir wegziehen, wenn ich es nicht mehr aushalte in Weiladingen.

Dieser Zug ist abgefahren.

NIMM AN, WAS IST.

Als wir die Sommerferien 2007 bei Mutter Meera beginnen, entschlüpft mir Ihr zu Füßen still der Satz: „Ich möchte bei dir sein." Zwei Tage später fahren wir los Richtung Frankreich. Schon nach zehn Kilometern reißt der Auspuff ab. Unter lautem Getöse finden wir eine Werkstatt in einem kleinen Dorf, die zu dieser frühen Stunde schon geöffnet hat. David sagt: „Wenn der Auspuff nicht zu reparieren ist, bleiben wir hier." Ist das schon die Antwort auf meinen Wunsch? Ich jubiliere. Aber der Auspuff ist zu reparieren, wir fahren weiter und ich habe nicht den Mut, nein zu sagen. Ähnlich zögerlich bin ich bezüglich der Verwirklichung meines Umzugs-Wunsches. Konkrete Schritte, überhaupt erst einmal die Sachlage zu klären, was beruflich bei uns beiden möglich ist, verschiebe ich von Tag zu Tag. Ich traue mich nicht, mich Davids Bedürfnissen zu widersetzen und meine Wünsche wirklich ernsthaft neben seine zu stellen. Denn ich weiß nicht: Ist es „Ruf" oder „fixe Idee", dass ich zu Mutter Meera ziehen will? Ich kann es nicht unterscheiden.

Es gäbe nur eine Lösung: Ich müsste Mutter Meera persönlich fragen, ob wir zu ihr ziehen dürfen. Diese Möglichkeit gibt es für einige wenige Anhänger von Ihr. Aber ich mag dieses Privileg kaum in Anspruch nehmen, hat SIE doch sicher Wichtigeres zu tun, als meine kleinen Nöte zu reflektieren. Außerdem hab ich Schiss, Ihr körperlich so nahe zu sein. Mir versagen neben Ihr die Gedanken und die Sprache. Nichts scheint mehr wirklich wichtig zu sein. Das weiß ich vom Darshan.

In den nächsten Monaten wird Davids Not offensichtlich. Mal plagt ihn die Angst um unsere finanzielle Situation, mal hängt er an seiner Mutter. Dann wieder fahren wir durch Limburg und schauen uns Wohnviertel an, die uns gefallen würden. Er kippt hin und her. Und ich mit ihm. Ist der Umzug in die Nähe von Mutter Meera eine Äußerlichkeit und ich sollte mich lieber um die Inhalte meines Denkens kümmern? Das mag ich gar nicht wahrhaben. Aber eigentlich weiß ich es: Das WIE ist das Himmelreich – nicht das WO oder WANN. Verzweifelt frage ich mich trotzdem: Muss ich mich zwischen David und Mutter Meera entscheiden?

Dann überrascht David mich Anfang 2008 mit der Äußerung: „Ich lass dich nicht allein gehen." Und eine Tonnenlast fällt von mir ab.

Zufällig gehen wir eines Tages in der Gegend spazieren, wo früher unsere bevorzugte Ferienwohnung war, als wir noch nicht im Darshan-Haus wohnen durften. Zufällig sehen wir, dass das Gebäude, das früher ein Nonnen-Schwesternheim gewesen ist, renoviert wird. Hundert Mal schon haben wir es in Gedanken ausgebaut und Gästezimmer für Mutter Meera eingerichtet. Nur das nötige „Kleingeld" hat uns gefehlt. Es ist ein sehr großes Gebäude mit einer traumhaften Aussicht über das Lahntal und nur zwei Kilometer vom Darshan-Haus entfernt.

Zufällig erfahren wir, dass es von einem Architekten umgebaut wird, der auch regelmäßig zu Mutter Meera geht. Meine Augen werden immer größer vor Staunen, meine Zukunfts-Hoffnungen immer intensiver. Kann das wahr sein? Ich mag kaum denken, was sich in meinem Kopf zurechtlegt.

Und dann sagt David den Satz! Lange bevor ich mir gestatte ihn zu denken: „Wenn wir da eine Wohnung kaufen können, dann tun wir das, gell?"

Jetzt bin ich es, die ins Zweifeln kippt. Zuhause – wo ist das? Ich fühle mich seltsam heimatlos und ungebunden, egal wo ich bin. Ob im Sommer auf dem Jakobsweg durch die Schweiz, ob in Weiladingen oder bei Mutter Meera. Ich bin am Ort und doch nicht. Eigentlich ist es einerlei, wo ich bin. Es ist alles gleich sinnvoll oder sinnlos. Will ich wirklich nach Limburg ziehen?

In einer Herberge auf dem Schweizer Jakobsweg lag auf meinem Bett ein Kärtchen mit dem Satz: „Du bist mit jedem Schritt am richtigen Ort". Sind die Lebens-Orte gleich-gültig? Haben sie gleiche Gültigkeit?

Ende September 2008 trauen wir uns. Wir gehen nach dem Darshan zu Mutter Meeras Räumlichkeiten. Fast muss einer den Anderen vorschieben! Die Tür zu Ihrer Küche steht offen. Muckslos verharren wir im Türrahmen und lauschen. Nichts ist zu hören. Wir müssen klopfen. Offen bleibt welches Klopfen lauter ist: das am Türpfosten oder das meines Herzens.

Nichts. Keine Antwort.

Kein Rascheln Ihres Saris, das Ihr Kommen ankündigt.

Wir klopfen erneut, vielleicht einen Hauch lauter. Nichts.

Kann SIE uns nicht hören – oder will SIE uns nicht hören? Schwankend zwischen Enttäuschung und Erleichterung bleiben wir noch eine Weile stehen. Dann ist gewiss: wir müssen selbst entscheiden, ob wir hierher ziehen oder nicht. Und so geht in den nächsten Monaten das anstrengende Hin und Her weiter. Mal sind wir euphorisch und tatendurstig, mal reißen Davids Ängste alles wieder in die Fragwürdigkeit.

Aus einer anderen Ecke kommt plötzlich Entscheidungshilfe: in wenigen Jahren wird das Geld meiner beiden Lebensversicherungen frei. So alt bin ich schon! Wohin mit all dem Geld? Die ungünstigste Lösung ist das Festlegen der Beträge auf der Bank. Schnell passt eins zum Anderen:

Geld-Anlage und Wohnungs-Kauf. Vorläufig nur in Gedanken. Aber noch ist ja auch das Nonnen-Wohnheim nicht fertig ausgebaut.

~~~

Ich wage neue Schritte mit mir. Im Oktober 2008 ziehe ich mich für fünf Tage zu mir selber zurück. Eine traumhafte Ferienwohnung in Kattenhorn am Bodensee ist meine „Eremitage".

Das Wasser des Untersees schwappt drei Meter unterhalb meiner Terrasse ans Ufer. Um nicht fliehen zu können, falls ein inneres Loch auf mich warten sollte, hat David mich auf meinen Wunsch hin hierher gefahren und holt mich erst in fünf Tagen wieder ab. Ein Handy habe ich nicht, manchmal gehe ich zur Telefonzelle, die einen Kilometer entfernt ist.

Rückzug. Rückzug von all dem Hin und Her, von Wünschen und Ängsten, Träumen und Realitäten. Zunächst verbringe ich viel Zeit in Stille. In meiner Stille. Und die des Wassers.

Als die Stille mich ganz gestillt hat und meine Gedanken Durst bekommen, blättere ich das Buch auf von Eckart Tolle: „Eine neue Erde", lese voll Achtsamkeit und folge mit meinen Gedanken seinem Denken, spüre nach, was er mir zu sagen weiß. Ich schwinge ein in mein SEIN aus seinem Blickwinkel und erkenne:

Ich bin Zwei – Ego und SEIN. Bin Bewusstsein, Leben, So-Sein und die Wahrheit. Bin ALL-EIN.

Und als „Leben" bin ich in Allen, alle haben das Leben als Wesen. Wir SIND Leben: Mensch, Tier, Pflanze und ALL. Mein wahres ICH. Nun haben sich doch Wörter dafür gefunden. Es ist noch zart und zerbrechlich und fürchtet sich vor dem Schulalltag, der nun bald wieder meine Tage bestimmen wird. Am liebsten ginge ich in ein Sabbat-Jahr, um keimen zu lassen, was entsteht. Die Hoffnung, diesen Kern eines Tages leben zu können,

mein Handeln in seinen Dienst zu stellen – oder soll ich schreiben: in SEINEN Dienst? - erfüllt mich mit Zufriedenheit. Zuversicht breitet sich in mir aus.
Welch Lichtblick!

~~~

Die Eigentumsverhältnisse des Grundstücks hinter unserem Haus in Weiladingen haben sich verändert und David überlegt, ob er einen an unseren Garten angrenzenden Bauplatz kaufen soll. Mein Bestreben ist es nicht, mich in Weiladingen noch mehr zu binden, will ich doch in einigen Jahren in die Nähe von Mutter Meera ziehen. Und so koppelt sich für mich der anvisierte Grundstückskauf mit meinen Zukunftsträumen und ich schreibe Anfang Oktober 2008 einen Brief an Mutter Meera, in dem ich SIE frage, ob wir das Grundstück in Weiladingen kaufen sollen oder ob wir in der Rente zu Ihr ziehen dürfen. Diese Anfrage ist ein großer Schritt für mich auf dem Weg „DEIN Wille geschehe". Mein Ego meckert: Wieso, ich hab doch freie Wohnortwahl! Ich muss niemanden um Erlaubnis fragen! Ich kann machen, was ICH will!
Mutter Meera, DEIN WILLE GESCHEHE. Ich sammle all mein Vertrauen. Und lege meine Lebensform/mein Leben in Deine Hände. ENTSCHEIDE DU. Aber: Mir ist bang.
Den Brief schicke ich nicht mit der Post, ich gebe ihn beim nächsten Darshan bei Adilakshmi persönlich ab. Später am Abend kommt Adilakshmi zu unserem Zimmer

und bestellt uns von Mutter Meera, dass wir am nächsten Tag um elf Uhr nach Thalheim kommen sollen.

Vor Aufregung kann ich nicht einschlafen. Wie wird SIE wohl entscheiden? Weiladingen oder hier bei Ihr? Wo werden wir leben? Pünktlich sind wir da, klingeln, stiefeln die Treppe hoch zu Ihr, müssen im Flur warten. Nicht SIE erscheint, Adilakshmi führt uns ins Nachbarhaus, das gerade umgebaut wird. Einer der freiwilligen Arbeiter zeigt uns die Räumlichkeiten und man macht Witze, ob wir dort einziehen wollen. Sie ahnen ja nicht, wie gern ich das täte. Jetzt sofort! Ratlos stehen wir dann im Baugetümmel herum. Nach einer Weile kommt Mutter Meera, geht hierhin und dorthin – immer an uns vorbei – und macht Bauaufsicht.

Dann ist SIE wieder weg. Ich fand nicht den Mut SIE anzusprechen. Und nun? Wir beraten uns mit Wilhelm. Er sagt, WIR müssten aktiv werden und nicht warten, was SIE macht. Also gehen wir auf den Hof. Mutter Meera steht in Ihrer Haustür! Jetzt oder nie!

SIE antwortet uns mit einer so wunderschönen tiefen Stimme, dass ich erschaudere: „Wenn ihr in Weiladingen seid und das Grundstück ist günstig, dann könnt ihr es kaufen. Wenn es in zehn Jahren anders ist, dann könnt ihr es wieder verkaufen." Und zu David: „Warum willst du kaufen? Ist es günstig? Du kannst kaufen. Und wieder verkaufen."

JETZT. Ich habe es geahnt, dass SIE so reagieren wird. Wir müssen es nehmen, wie es kommt, und nicht jetzt schon festlegen, was in zehn Jahren sein soll. JETZT ist das Leben. Zu meinem Erschrecken entnimmt David der Antwort von Mutter Meera eine Todesankündigung für sich. Ihm kommt es so vor, als würde er den Zeitpunkt des möglichen Umzugs vielleicht nicht mehr erleben! Ich bin ganz erschüttert. Das ist nicht der David, den ich kenne. Was ist los mit ihm?

Was wohl noch auf mich zukommt? Da ist keine Angst in mir, keine Trauer, keine Verzweiflung. Aber es lähmt mich. Es ist wie ein Puzzle-Teil, das nicht passt. Ich drehe es hin und her, aber es kann nicht eingefügt werden. Ich weiß nur: ich muss extrem offen sein mit meinen Zukunftsvisionen, denn nichts ist kalkulierbar. Es kann so sein – aber auch völlig anders.

Und jetzt hilft nur Japa. AMMA MEERA AMMA MEERA AMMA MEERA ... Ich muss mich ganz fest an SIE binden, sonst halt ich das nicht aus. Was erwartet das Leben denn noch von mir? Welches ist der volle Preis, den ich zahlen muss, um zu Mutter Meera zu ziehen? Kindertagesstätte bei Ihr – wird nichts. 2009 oder 2012 als Wechseltermin – wird nichts (das sehe ich schon jetzt). Dann der große „Vernunftakt": Schule in Weiladingen beenden und Davids Mutter pflegen, bis sie stirbt. Und nun soll ich womöglich auch noch Davids Tod einkalkulieren? Was erwartet das Leben denn noch von mir? „Du wirst Vater und Mutter verlassen und mir nachfolgen", sagte Jesus. Mutter Meera, bitte führe mich. Schenk mir Kraft für das, was geschehen soll.

Einige Tage später schreibe ich einen Brief an den Besitzer des Nonnenschwestern-Wohnheims. David beanstandet meine Formulierung „Wir können weder eine Zusage noch eine Absage machen. Alles ist offen." So habe ich die Mutter verstanden, aber für David passt die klare Absage!

Nicht nachdenken, Emma. NIMM AN, WAS IST.
JETZT ist Schule, ist Davids Beruf, ist Schwiegermutter.
JETZT will er ein Grundstück kaufen und ich habe keine Gründe dagegen.
Aber auch: JETZT bin ich unendlich kraftlos und brauche mehr Ruhe. Alles ist so anstrengend. Mühsam begreife ich: es ist GOTT, der mir im Leben begegnet. ER formt es zu meinem Besten und schickt mir Situationen, die ich brauche. Und ER schickt mir in dieser Situation den Satz:

ERKENNE DIE SCHÄTZE DER GEGENWART.

Nicht das LEBEN ist Leiden. Meine Pläne und Vorstellungen verursachen Leiden! Wie traurig macht es mich, dass ich jetzt nicht zu Mutter Meera ziehen kann. Wie frustriert es mich, dass ich mit meiner Seelenschwester in England fast gar keinen Kontakt mehr habe. Wie einsam fühle ich mich, dass ich in Weiladingen mit niemandem über spirituelle Erfahrungen reden kann. Wie unzufrieden bin ich, dass ich Mutter Meera verstecken muss, um meine Schwiegermutter nicht in große Besorgnis zu stürzen. Und alles nur, weil meine Pläne anders sind als GOTTES Pläne!

~~~

Im Jahr 2009 ruhen die Umzugspläne. Es geht wieder innen weiter. Ein Konflikt mit einer Freundin beschert mir das Thema Mitgefühl. Mal wieder. Aber dieses Mal kommt es so massiv, dass mir Einblicke gelingen. Ich habe mein Mitgefühl verloren, um mich zu schützen. Als

Jugendliche musste ich „stark" sein, wenn meine Mutter schizophren war, denn es war kaum auszuhalten mit ihr. Ich hatte Angst vor meinen eigenen Emotionen, wenn sie unterging, und durfte/wollte nicht auch noch untergehen. Ich verlernte mein Mitgefühl aus Angst vor „nie wieder Licht" und zog den Deckel der Ratschläge über meine Hilflosigkeit. So fühlte ich mich sicherer.

Sensibel geworden für diesen Zusammenhang versuche ich mich in Achtsamkeit für meinen Drang, Gefühle weg zu ratschlagen. Aber es fällt mir schwer, die gewohnte Bahn zu verlassen. Immer wieder spiegeln mir Freundinnen, dass ich „den Plan im Sack" habe, aber kein Mitempfinden. In gelungenen Mitgefühls-Situationen erfahre ich, wie viel wahrhaftiger und weicher das Zusammensein ist.

Zu Pfingsten reise ich mit meiner Mutter nach Baltrum, so wie jedes Jahr. Mein Vater ist nun schon seit siebzehn Jahren tot und meine Mutter schwebt nicht mehr im schizophrenen Wahn. Sie hat ein Leben mit sich selbst gefunden. Ich trete unseren Urlaub mit guten Vorsätzen an: nicht recht-haben-wollen, nicht streiten, keine Ratschläge erteilen und Hilflosigkeit und Mitgefühl aushalten. Aber es wird eine anstrengende Zeit, weil meine Mutter sehr viel mit sich selbst zu tun hat und sich ihre innere Unzufriedenheit in ständig wechselnden Ansichten zeigt. Ihre körperlichen Beeinträchtigungen sind in diesem Jahr so groß, dass sie den Urlaub nicht genießen kann. Alles ist zu kalt oder zu warm, zu niedrig oder zu hoch, zu windig, zu schwer und überhaupt... Da dieser Zustand schon in ihrer Wohnung in Bremen seinen

Anfang nahm, überlegen wir, wie es mit ihr weitergehen soll. Es mehrten sich in den letzten Monaten ihre Pieper-Notrufe, weil sie gestürzt war. Man brachte sie als Vorsichtsmaßnahme ins Krankenhaus, dort erlitt sie Angstzustände, ich donnerte im ICE durch Deutschland und „holte sie da raus". Mehrmals. Wie kann es weitergehen? Ich halte meine Ratschläge zurück, denn nur sie kann diese Situation entscheiden. Das Schlimmste sei, wenn sie aus ihrer Wohnung ausziehen müsste, sagt sie. Ich erinnere sie an unser Abkommen, dass sie zu uns ziehen könne, aber sie schreit entsetzt auf! Mühsam sortiere ich, dass sie nicht mich persönlich ablehnt, sondern Angst vor den Dialekt sprechenden Menschen in Süddeutschland hat, wo s e niemanden versteht.

Im Sommer machen David und ich Urlaub in Dänemark. Wir fahren mit unserem Busle an der stürmischen Westküste gen Norden und genießen die liebliche Ostküste auf der Rückfahrt. Der Abstecher in Bremen bei meiner Mutter lässt mich erschrecken: sie ist inzwischen eine gebrochene Frau geworden. Mühsam setzt sie Schritt vor Schritt, aller Elan ist verschwunden. Wir ahnen eine problematische Zukunft. Und so kommt es auch. Noch zweimal wird sie ins Krankenhaus gebracht. Dann schließt sich die Kurzzeitpflege an, um Zeit zu gewinnen, die neue Lage zu klären. Am Abend bevor wir ihre Wohnung verlassen, um ins Kurzzeitpflege-Heim zu fahren, geht mit einem lauten Knall ihr Herd kaputt.
Schweigend sehen wir uns an.
Und wissen: ein Zeichen.

Nach drei Wochen in der Kurzzeitpflege flüstert sie am Telefon: ich glaub, ich bin ein Pflegefall. Sie entscheidet sich nach Weiladingen zu kommen! Abschied von Bremen, Abschied von ihrem geliebten Bruder, Liegend-Transport in ein neues Leben, in die Endstation des Lebens.

Schwere Schritte.

Es wird auch ein Abschied für mich, denn in den Herbstferien lösen wir die Wohnung auf, in der auch ich neunzehn Jahre lang gelebt habe. Kindheitserinnerungen tauchen unverhofft auf, als hinter dem Kleiderschrank meine Micky-Maus-Tapete sichtbar wird.

Und nun wandert alles, was mal zu unserem Leben gehörte, entweder auf den Müll oder es wird von der Firma, die Wohnungsauflösungen professionell betreibt, mitgenommen. Sperrige Teile werfen sie einfach aus dem Fenster!

Jeder Knall fährt mir ins Herz.

Nun haben wir zwei Mütter am Ort. In den nächsten Jahren füllen sie unser Leben. Und ich schreibe an Mutter Meera einen Brief, obwohl ich hin- und hergerissen bin zwischen Bitten-Wollen und Annehmen-Sollen, zwischen gestalten und geschehen lassen. Ich bitte SIE, dass ich nach meiner Zeit mit Mutter, Schwiegermutter und Schule in Weiladingen eine Aufgabe in Ihrer räumlichen Nähe erfüllen darf.

~~~

Die erste Darshan-Folge im Jahr 2010 ist wieder wunderschön! Ich fühle mich leicht und licht in Mutter

Meeras Nähe und bin beglückt über Ihr strahlendes Lächeln, als ich SIE zufällig im Flur treffe. All Ihre Liebe kann ich spüren und sehen!

Nach dem letzten Darshan begleiten meine Augen Ihren Weg aus dem Raum mit Wehmut. Nun geht es für mich wieder zurück in den Alltag, nun muss ich wieder „meinen Mann stehen". Da höre ich in meinem Kopf den Satz: „Trink keinen Alkohol mehr." Erst begreife ich nicht, was da passiert; dann fällt mir auf, dass das kein Gedanke war. Ich habe den Satz wie von außen vernommen. Und ich kann nicht leugnen, ihn gehört zu haben. Oh Schreck! Kein Sterbenswörtchen zu irgendjemandem kommt über meine Lippen. Solange der Satz in mir ist, kann ich so tun, als ob er nicht da sei. Meine Not besteht nicht so sehr darin, keinen Alkohol mehr zu trinken. Aber ich weiß, wie schwer es werden wird, meinen Freunden und Kollegen zu erklären, warum ich denn nun plötzlich keinen Sekt mehr mit ihnen trinken möchte. Aber ich weiß auch: ich muss den Satz befolgen, wenn ich es wirklich ernst mit GOTT und Mutter Meera meine. „Trink keinen Alkohol mehr" klingt täglich in mir. Ich komme nicht drumherum und bin erst einmal „heimlich" abstinent. Nach fünf Tagen fragt David: „Sag mal, trinkst du gar keinen Wein mehr?" Das ist der Anfang vom Ende. Ich erzähle ihm die Geschichte. Ich lege mich fest. Nun gibt es keinen Ausweg mehr, der Satz ist öffentlich geworden. Zu der sozialen Ungemütlichkeit gesellt sich in den nächsten Tagen eine unerklärliche Trauer. Umwälzung arbeitet in mir. Manchmal weht ein Gefühl von „Niederlage" herüber. Es ist mein Ego, das unterliegt, denn hier verwirklicht sich wieder: DEIN Wille geschehe!

Mitte Januar hängt das Thema Alkohol immer noch wie frisch in mir. Ich werde nachts wach und fühle mich erfüllt von Mutter Meeras Nähe. Selbstverständliches Einverständnis. AMMA MEERA im ganzen Körper. Tags drauf bin ich nicht belastbar. Kleinigkeiten des Alltags bringen mich durcheinander und körperliche Anstrengungen erschöpfen mich über alle Maßen. Schließlich: Ofen an - Sessel – Wolldecke. So ist es gut. Ich lese das Buch „Antworten II" (von Mutter Meera), denn ich will nur SIE bei mir haben. Ich weiß, es muss so sein, es ist Ihr Werk, dass ich so bin, wie ich jetzt bin. Auf Seite 185 sagt SIE, dass Alkohol trinken und Rauchen ein Fehler sei, weil es Anderen Leid zufüge. Nun hat mein Gehirn Wörter, an die es sich halten kann. Aber das Erlebnis im Darshan und die Woche danach waren auf einer ganz anderen Ebene. Das war „Umwälzung" und nicht „Wissen". Meine Zusage zu Mutter Meera geriet in eine andere Dimension. Sie wurde verbindlicher, ein bewusster Weg mit der Bereitschaft, mich von Gewohnheiten zu trennen, mich von meinen Freunden abzusondern, nicht aus dem Entschluss gegen Alkohol sondern aus der Entscheidung für Mutter Meera. Ich folge, weil der Weg dies offenbar erfordert.

~~~

In den folgenden Monaten plage ich mich mit Lernaufgaben zu den Themen „bedingungslos" und „loslassen", wobei es eigentlich EIN Thema ist. Für meine

Mutter muss ich bedingungslos da sein, auch wenn sie mich mit ihrem Leid überschüttet und mit mir nicht zufrieden ist. Meine Seelenschwester Chalis muss ich loslassen, bzw die Beziehung, die wir früher zueinander hatten, denn wir haben kaum noch aktuellen Kontakt. Schmerzvoll nehme ich innerlich Abschied. Auch die vertraute Zweisamkeit mit David findet dieses Jahr wenig Raum vor lauter „Sachzwängen".
Annehmen, annehmen.
Loslassen, loslassen!

Auch mein Thema „Rede sanft" setzt sich fort. Es beginnt damit, dass mir plötzlich das Verb „kriegen" nicht mehr über die Lippen will. Alltagssätze wie: „Morgen kriege ich Besuch von Anne" werden zum Hindernis. KRIEGE – dieses Wort kann ich nicht mehr denken ohne das innere Bild von Waffengewalt. Es folgen all die Schimpfwörter, mit denen ich meine Mitmenschen in Gedanken klein mache. Sie lassen mich innehalten und nachdenken. Jeder ist dort, wo er aus einem Leben voller Schritte angekommen ist. Genau wie ich. Ich habe kein Recht zu erniedrigen, Verhaltensweisen zu kritisieren. Ich übe neue Formulierungen. „Morgen kommt Anne zu Besuch." „Ich verstehe Majas Verhalten nicht." „Vielleicht ist Kurt enttäuscht, dass er so heftig reagiert?" Den Unterschied kann ich spüren. Die aggressiven Wörter fühlen sich spitz an. Sie verletzen nicht nur meine Mitmenschen, sie verletzen auch mich.
Über diese Veränderung in mir freue ich mich sehr, zeigt sie doch, dass ich sensibler für mein Thema geworden bin. Ein inneres Bild hilft mir diese Richtung weiter zu

verfolgen: Die Welt ist ein Klangteppich, an den ich angeschlossen bin wie jeder Mensch. So, wie wir alle miteinander tönen, so klingt der Klangteppich, so klingt die Welt. Ich kann wählen, ob ich friedliche oder aggressive Töne in den Teppich webe. Damit wähle ich, ob die Welt ein bisschen friedlicher oder ein bisschen aggressiver wird. Der Weltfriede kann nur entstehen, wenn jeder von uns aus seinem Inneren friedliche Töne in den Weltenklang schickt. Im Kleinen wie im Großen. Weltfrieden beginnt in mir. Beginnt mit meinen Gedanken, meinen Gefühlen, meinen Worten und Taten. Einer meiner ersten spirituellen Träume legte mir nahe, dass Licht und Liebe das Wichtigste im menschlichen Leben seien. Licht und Liebe – ich übe ihren Klang in allem, was ich denke.

~~~

Ein wahres Weihnachtsgeschenk beschert uns Mutter Meera Mitte November 2010: wir dürfen in einer Ihrer Wohnungen in Thalheim zur Miete wohnen! Hier hat SIE selbst mit Adilakshmi in der Anfangszeit ihr Zuhause gehabt! Zusammen mit einem Pärchen teilen wir uns drei Zimmer, eine kleine Küche und ein Bad. Die Energie im Haus ist sehr fein und beflügelt mich. Sie lässt mich darüber hinwegsehen, dass die Fenster dieser Wohnung nur für große Menschen geeignet sind zum Rausgucken – nicht für mich. Doch einen Schmerz lindert sie nicht: unser Hund darf nicht ins Haus! Angeleint muss er im Hof liegen, er, der es gewöhnt ist, ständig mit uns zusammen zu sein. Sein Blick hoch zu mir, zum Fenster des zweiten Stocks (das einzige, aus dem ich die Erde sehen kann), zerreißt mir das Herz. Alle Naselang geht David nach unten zu ihm, um ihn zu streicheln. Und am allerschlimmsten sind die Nächte. In einem dusteren Schuppen hinterm Haus, den auch ich nur mit Gruseln betrete, muss er ganz allein sein. Nur mit Leckerli und viel Zureden kann ich ihn in diese Qual locken. Nicht Mutter Meera, sondern die anderen Bewohner haben diese Entscheidung getroffen. Ein echter Wermutstropfen.

Der Alltag zu Beginn unseres ersten Aufenthalts in diesem Haus organisiert sich mit Ereignissen, die sich überschlagen – zumindest aus meiner Sicht. Ich komme nicht mit, fühle mich gehetzt und gereizt. Der Satz, der am Tag vorher im Darshan zu mir kam, macht meine Not nur noch größer: „Finde die Ruhe im Tun!" Wie soll ich Ruhe finden, wenn das Tun so schnell ist, dass es mich überfordert! Oder bin ich zu langsam? Wieder einmal? Es plagt mich zu Tränen, doch Anfang des Jahres 2011 kann ich erkennen, dass der Satz mich heilt. Es gelingt mir mehr und mehr, nicht alles in höchster Anspannung zu erledigen. Ich kann zunehmend Göttliche Besinnlichkeit bewahren und gelassen an Aufgaben herangehen. Das tut mir gut. Und sicher auch meinen Mitmenschen.

~~~

Im Februar gönne ich mir wieder eine kleine Auszeit in Kattenhorn am Untersee. Tauche wieder ein ins JETZT, verschmelze mit dem Raum, den Geräuschen, den

Bildern. JETZT. Leben so Nonnen? Das Leben zuhause folgt den tiefen Rillen der Gewohnheit: stur in der Spur. Schule, Essen, Hundegang, Mutti-Besuch, Schreibtisch, Essen, Beine hoch, lesen, Bett. Und wieder von vorn! Notwendig. Kann ich meine „Nonnen-Haltung" auch in jenem Rhythmus unterbringen? Da ist immer so viel Eile! Aha: da bin ich ja wieder beim Thema „Finde die Ruhe im Tun." Beide Leben, „Nonne" und „Alltag", sind schwer kompatibel. Hier am See (als „Nonne") lass ich mich treiben von Impuls zu Impuls mit viel Achtsamkeit für mein Innen. Dort im Alltag treiben mich die Notwendigkeiten von Tun zu Tun und ich verliere meine Achtsamkeit fürs Innen. Bei dieser Gegenüberstellung springt sofort mein Denken an und will einen Integrationsplan machen! Weggefegt sind das JETZT und mein Frieden.

Mir fällt es so schwer, aus der inneren Haltung heraus zu leben, ohne Pläne zu machen! Und ohne alles immer besser denken zu müssen! Ich bin eine notorische Besserwisserin! Kaum eine Situation darf so sein, wie sie ist. Ich weiß eine angeblich bessere Lösung. Ich. Ego. Und da die Realität nicht so wird, wie ich sie „besser-denke", entsteht Unzufriedenheit. Warum wundere ich mich über meine Unzufriedenheit?

JETZT und JA.

Ohne „besser"!

Ein jahrelanges Lernprogramm.

~~~

David und ich machen im August 2011 einen kleinen Abstecher über Steinhausen. Wir fahren an dem ehemaligen Schwestern-Wohnheim vorbei, das jetzt fertig renoviert ist und in dem wir vor einigen Monaten das Eckhaus angeschaut haben. Eigentlich wollten wir fürs Alter in eine kleine Wohnung ziehen, die barrierefrei ist. Doch bei der Besichtigung verliebten wir uns in das große Eckhaus. Im Vorbeifahren sehen wir, dass es immer noch nicht bewohnt ist. Und da fragt David doch tatsächlich: „Willst du es kaufen?" Ein sehsüchtiges „Ja" rutscht aus meiner Seele begleitet von ein paar Tränen. Ich bin ganz überrascht über die Heftigkeit meiner Reaktion und traue mich nicht nachzufragen, wie ernst er seine Frage meint. Das hole ich am nächsten Tag in einer entspannten Situation nach. Und er meint es ernst. Schnell rechnet er mir vor, wie viel Geld aus meinen Versicherungen zu erwarten ist und erklärt mir die gesellschaftliche Finanzlage. Soll er machen – mich interessiert nur mein Herz! Voller Eifer fragt David, ob er schon mal ein Bett bauen soll fürs neue Haus! Gleichzeitig betont er, dieser Kauf sei meine Verantwortung. Er ginge nicht gern aus Weiladingen weg, aber er käme mit mir mit. Ich kann mein Glück nicht fassen. Ich kaufe mir von meinem Geld ein Traumhaus! Ogottogott.

Wieder gehen wir zu Mutter Meera. Mir ist es etwas peinlich, Ihr die Schlüssel zur Thalheimer Wohnung zurückzugeben, Ihr freundliches Geschenk zurückzuweisen. SIE fragt nur: „Da nicht mehr?" Ich bestätige: In Thalheim nicht mehr. Und damit ist dieses Thema besprochen. Alles ganz „einfach"!

235

Unsere Pläne sind konkret geworden! Ich kaufe mir von meinem Geld ein Traumhaus! Ganz in der Nähe von Mutter Meeras Darshan-Haus. In Sichtweite!

Am 4. Januar 2012 ist Schlüsselübergabe.

MEIN Haus! Nun kann mir nichts mehr passieren: ich hab ein Haus bei Mutter Meera. Lange Jahre des Sehnens lösen sich auf in Dankbarkeit und Freude.

Sechzig Jahre bin ich nun alt und sehne die Pensionierung herbei. Meine Kraft und die Begeisterung für meinen Beruf schwinden. Alles strengt mich so sehr an! Ganz müde bin ich, die immerwährenden Versuche der pubertierenden Jugendlichen zu unterbinden, die die Regeln für soziales Zusammenleben für sich selbst als ungültig erachten möchten. Und über alle Maßen erschöpfen mich die schulischen Bedingungen, unter denen wir arbeiten müssen.

Seit September 2011 führe ich eine zehnte Klasse. Das ist Pionierarbeit an unserer Schule, denn bisher endete sie mit dem neunten Schuljahr. Alles ist für uns neu und auch im Bundesland im Reform-Umbruch. Viele Unsicherheiten begleiten unseren Schulalltag. Die Schüler/innen im zehnten Schuljahr bereiten sich auf die Mittlere Reife vor, den Realschulabschluss. Schon allein der Gedanke daran macht mir Stress. Ich sehe die Kluft zwischen den hohen Anforderungen an Wissen auf der einen Seite und der lässigen Arbeitshaltung vieler Schüler/innen meiner Klasse auf der anderen Seite. Die Aufnahme ins zehnte Schuljahr ist nicht abhängig vom Leistungsvermögen sondern vom Elternwillen. Und so sitzen vor mir Jugendliche, die seit zwei Jahren keine Lehrstelle fanden, Schüler, die nur mit sehr viel Mühe den Hauptschulabschluss schafften, junge Menschen mit chaotischen Lebenserfahrungen und „echte" Realschulaspiranten.

Anti-Lehrer-Kurs, Regelmissachtungen und lange Schwänz-Zeiten einiger Schüler halten mich auf Trab, erfordern strenge Kontrolle und Elterngespräche. Viel Ärger fließt hin und her. Eigentlich will ich Wissensvermittlerin sein und nicht Polizistin. Die Rückkehr zu freundlichem Verhalten fällt mir immer schwerer je älter ich werde. Mühsam muss ich meinen Fokus auf die Gruppe lenken, die angemessen und zuverlässig arbeitet. Ob mein Durchhaltevermögen wohl noch fünf Jahre reichen wird?

Mein „Innenleben" dagegen ist zur Ruhe gekommen. Die Unzufriedenheit, dieser milde Rest der Vernichtungskraft, zeigt sich zwar immer mal wieder, ist aber nicht mehr lebensbestimmend, weil ich inzwischen besser annehmen kann, was ist. Außerdem gelingt es mir leichter, die Quelle meiner „Stolpersteine" zu finden und sie zu entkräften. Wenn ich mich beim Pläne-Schmieden ertappe, versuche ich ins JETZT zurückzukehren. Der stete Tropfen von Mutter Meeras Liebe und Ihre Hilfe haben mich friedlicher werden lassen. In mir sind Verständnis für mein So-Sein und für das der Anderen gewachsen und meine Gefühle überfluten mich nicht mehr. Mein zunehmend achtsamer Umgang mit Sprache führt zu mehr Harmonie in mir und mit meinen Mitmenschen.
Heilung hat stattgefunden. Voll Dankbarkeit erkenne ich diesen Wandel. Weiter begleiten werden mich das Thema Wut und das Rätsel um meine linke Körperseite, die immer wieder Beeinträchtigungen zeigt, deren Ursprung für mich noch nicht zu erkennen ist. Vielleicht

wird sich auch das Thema der „blauen Frauen, die sich nicht leben" fortsetzen? Mutter Meeras Einfluss wird Klärung bringen – irgendwann, wenn die Zeit reif ist.

Auch bei anderen Darshan-Besuchern, die häufiger kommen, kann ich Mutter Meeras Wirken beobachten. Da gibt es die junge Frau in Springerstiefeln, schwarz gekleidet, finster im Blick. Ihre schwarzen Haare sind halbseitig abrasiert. Als ich sie um etwas bitte, fegt die Heftigkeit ihrer Stimme gegen mich und ich suche lieber das Weite. Ein Jahr später erscheint sie in heller Kleidung, ihr Blick ist freundlicher und ihre Haare lassen ein schönes Blond erkennen. Noch ein Jahr später trägt sie es schulterlang, das Gold strahlt. Ebenso ihre Augen und ihr knallrot geschminkter Mund. Das sind nur Äußerlichkeiten, doch sie weisen auf eine innere Veränderung hin: weg von der rebellischen Haltung eines Punks, hin zu einer individuellen Form von Weiblichkeit.

Sogar bei meinen Zimmerpflanzen kann ich Mutter Meeras lichtvolle Heilenergie erkennen. Kränkelt mal eine Blume, so stelle ich sie auf unseren Hausaltar vor Ihr Foto. Schon nach wenigen Wochen erholt diese sich. Schnittblumen, die ich auf diesen Platz stelle, halten in der Regel zwei bis drei Tage länger als ihre Geschwister aus dem gleichen Strauß! Und sie alle wachsen Ihr entgegen, obwohl das Foto an einem etwas dunklen Wandstück zwischen zwei hellen Fenstern hängt! Ich kann sie gut verstehen. Auch mich zieht es mit Macht immer wieder zu Mutter Meera.

In meiner neuen Ruhe malt es mich nicht mehr und Träume erreichen mich kaum noch, um mir den Weg zu weisen. So ist es etwas ganz Besonderes, als mich im Februar 2013 ein mächtiger Traum voll heftiger Energie erschüttert:

Ungeheuerlich! Ein Adler im Wasser!
Er steht bis zum Hals in der Strömung, blickt ihr entgegen.
Ganz still in diesem fremden Metier. Er lässt die nährende Energie des Wassers in sich hinein. Braucht sie dringend, denn die Zeit vorher hat ihn erschöpft. Erschöpft bis an seine Grenze. Die Not war so groß, dass er das fremde Element nicht fürchtet.
Was macht er?!!? Prüfend schaut er sich um, neigt dann den Kopf leicht nach links und taucht ihn unter Wasser!
Totales Einfließen-Lassen. Totale Hingabe.
Ungeheuerlich!
Und es ist gut für ihn. So gut.
Ein ungeheuerliches Geschehen.

Obwohl die Entschlüsselung noch aussteht, weiß ich: dieser Traum zeigt mir meinen weiteren Weg, meine weitere spirituelle Entwicklung. Und es plagt mich, dass ich die Bilder nicht vollständig „lesen" kann. Im Rollentausch versuche ich eine Annäherung: Ich werde zum Adler und stehe in der Strömung. Dieses Fließen ist die Energie von Mutter Meera. Das kann ich jetzt deutlich spüren. Ich stehe mitten in Ihrer Energie, die auf mich zufließt. Ich nehme sie auf mit jeder Pore, inhaliere sie. Das fühlt sich kraftvoll an. Wieso war es im Traum eine fremde Energie? Welche Energie von Mutter Meera ist mir fremd?

Irgendwann will ich den Kopf unter Wasser neigen wie der Adler. Aber es geht nicht! Ich kann den Kopf nicht eintauchen! Kein Gefühl lässt sich zuordnen. Weder Angst noch Machtgebaren. Ich bin sehr verwundert. Wird etwas Fremdes von Mutter Meera auf mich zukommen, etwas, bei dem mir die Hingabe schwerfällt? Nun bin ich doch etwas ängstlich.

Es treibt mich um und um, bis hin zu einem Sprung über meinen eigenen Schatten. Trotz aller Qual mit meiner Seelenschwester Chalis, zu der ich seit sieben Jahren keinen Kontakt mehr habe, bitte ich sie, die Expertin für meine Träume, um Hilfe. Ein Zittern ist in mir, als ich die Mail losschicke. Wie wird sie meinen Wunsch aufnehmen?

Sie antwortet „postwendend"! Und von Herzen! Liebevolle Tränen lassen ihre Worte vor meinen Augen verschwimmen. Eine uralte Sehnsucht bricht auf. Warum ist das immer noch so? Trotz all unserer Schwierigkeiten? Ich kann mich nicht verschließen vor ihr, auch wenn mein Kopf es noch so richtig findet nach den erlebten Enttäuschungen. Mein Herz hat so viel Sehnsucht! Nun folgt Mail auf Mail, so wie früher Brief auf Brief – nur schneller. Chalis findet Zugang wie gewohnt und bietet mir ihre Gedanken an: „Adler" könnte stehen für: Macht, Männlichkeit und Tun. „Wasser" geht in Resonanz mit Nahrung, Weiblichkeit und Fließen. Sie fragt, ob ich ein Leben führe, dass männlich ausgerichtet ist, in dem der „Kopf" regiert. Fragt, ob meine weibliche Seite zu kurz kommt. Und ich nicke und weine. Denn Angst regiert mich in der Schule: Verbaue ich den Schülern die Zukunft? Genüge ich? Angst, dass mir alles entgleitet und auch die guten Schüler/innen nicht angemessen von mir ausgebildet werden. Angst ist Enge und verhindert das Fließen. Sie will erzwingen und vergisst das Nährende, das Herz, das Wasser. Es wird zum Fremden. Wie im Adler-Traum.

„GOTT ist wie Wasser", erklärt die Verpackung meiner Teebeutel an diesem Morgen. Hindere ich die Göttlichkeit mich zu durchfließen? Der Adler neigt den Kopf ins Wasser. Er gibt sein Denken, seine Machtzentrale, dem Göttlichen (Wasser) hin! Und wie mach ich das im Alltag? Wie eine Antwort erlebe ich in einer Meditation Anfang April:
ICH STELLE MICH IN DEINEN DIENST.
Dieser Satz entspringt in mir. Mein Kopf ist dabei gesenkt und leicht nach links geneigt. Wie beim Adler! Und es ist ganz ernst. „DEINEN" ist Mutter Meera – ist GOTT.
ICH STELLE MICH IN DEINEN DIENST, MUTTER MEERA.

Auch eine Textstelle in dem Buch, das ich grade lese, hilft mir beim Verstehen: „Verurteile nicht. Denke über die Menschen so, wie GOTT über sie denken würde! Er verurteilt nicht, er heilt!" („Die Rückkehr zur Liebe" von Marianne Williamson) Emma, urteile nicht! Lebe Liebe und Mitgefühl! Dann stellst du dich in den Dienst von Mutter Meera, von GOTT.

In der Tat, der Adler-Traum zeigt mir meinen weiteren Weg, meine weitere spirituelle Entwicklung: Das eigene „Machen" hingeben und eintauchen in den Göttlichen Fluss. Mich nähren lassen und mich in Ihren Dienst stellen mit Liebe und Mitgefühl.

~~~

Dann stirbt meine leibliche Mutter.

und am ende
fallen
alles und nichts
in einem punkt
zusammen

er ist klein
und schwarz
und trägt
das all

er absorbiert
das licht
zu stille

stille
der unendlichkeit

es gibt keine frage
mehr

am ende
fällt
das wort
ins sein

GOTT

und du weißt
ohne zu wissen

Das Sterben meiner Mutter hinterlässt mich nachdenklich und voll andächtiger Stille. Was ist das Leben? Wie ein Windhauch im Nebelgewand schwebt ihr Sein von ihrem Ruhe-Baum in die Weite. Sanft, erlöst, endlich frei für den Seelenflug. Drei lange Jahre hatte sie auf diesen Moment warten müssen. Hatte sich an das fremde Süddeutschland gewöhnt, an Menschen, die sie pflegten, an den Alltag im Heim. Ihre Sterbewoche im Jahr 2013 war herb gewesen. Atemaussetzer von 45 Sekunden Länge ließen mich in ihrem Zimmer übernachten, um bei ihr sein zu können, wenn es „soweit ist". Am nächsten Tag war sie friedlich und so wie immer.
Doch dann folgten Tage der Verzweiflung. Sie schrie ununterbrochen um Hilfe, zerwühlte ihr Bett und war nicht zu beruhigen. Sie flehte mich an - und ihre Mama – und GOTT: „Warum hilft mir denn keiner?" Obwohl sie schon seit über einer Woche nichts mehr gegessen und nur sehr wenig getrunken hatte, kämpfte sie mit vehementer Kraft. Erst nach drei Tagen kam sie zur Ruhe und bat GOTT, er möge sie zu sich nehmen. Dann schlief

sie vor Erschöpfung ein. Doch sie ging noch nicht auf die letzte Reise.

Auch ich war völlig erschöpft. Vom Qual-Angucken, vom Aufmerksam-Sein, vom Helfen-Wollen und doch nicht wissen, wie. Und immer wieder die bange Frage in mir: wird sie womöglich wieder fit und das mühevolle Leben geht weiter? Am Ende der Woche gehen David und ich ins Kino. Was mir zunächst als Pietätlosigkeit vorkommt, entpuppt sich als mein Rettungsanker. Der Film heißt LIEBE und handelt von einem alten Ehepaar. Die Frau wird krank, immer dementer und nähert sich dem Tod. Sie hatte ihrem Mann das Versprechen abgerungen, dass er sie nicht ins Krankenhaus bringt. Die schwere Last dieser Verantwortung des Mannes und die Verzweiflung der hilflosen Tochter während des langsamen Sterbens der Frau stehen im Mittelpunkt der Szenen. Es ist alles wie in meinem Leben! Es tut mir so gut: es ist normal! Alles, was meine Mutter und ich erleben, ist „normal". Meine Mutter macht alles „richtig", nur ich bin das Problem, weil ich es nicht aushalte. Und auch meine Hilflosigkeit ist normal! Alles darf so sein.

Gestärkt kann ich am nächsten Tag die Hi ferufe meiner Mutter beantworten: „Ja Mutti, es ist alles ganz furchtbar und keiner kann dir helfen." Oh welch Entlastung für mich!

In meiner Abendmeditation am Samstag neige ich den Kopf leicht nach links und tauche ihn unter Wasser! Wie der Adler. Es gelingt! DEIN Wille geschehe – alles ist gut, so wie es ist. Es MUSS so sein. Kein Grund zu „machen". Hingabe.

Und dann, am Abend des sonnigen Sonntags, haucht sie ganz unspektakulär ihr Leben aus. Still und friedlich. Ihr Körper atmet aus und nicht wieder ein. Ihre Augen sind schon eine Weile vorher erloschen. David und ich begleiten den Weg ihrer Seele mit Japa: Amma Meera, Amma Meera ... 350km weiter nördlich schenkt Mutter Meera zur selben Zeit Darshan. Alles ist gut, so wie es ist. Ihr Sterben ist pure Liebe und Freude für uns.

Eine kleine Urne gefüllt mit Asche bleibt als materieller Rest von ihr. Ich trage ihn selbst zu ihrem Beerdigungsbaum auf dem Friedhof. Der Totengräber, der uns begleitet, ist der einzige von uns dreien, der sich nicht freut. David und mich erfüllt Glückseligkeit. Es ist eine heilige Handlung, ihre Asche in die Erde zu betten. Tschüss, Mutti!

Unweit des Friedhofs ziehen wir anschließend an einem Waldrand unsere schwarze Kleidung aus, fahren an den Bodensee und lassen uns den Beerdigungskuchen auf einem Baumstamm am Ufer sitzend schmecken. So ist es gut.

Danke, Mutti! Danke, dass du dir so eine schlichte Beerdigung gewünscht hast.

GOTT war unser Gast. Ganz still.

Zwei Monate später schreibe ich in mein Tagebuch:

61 Jahre lang war meine Mutter Bezugspunkt meines Denkens und Handelns. Das Ausmaß merke ich erst jetzt. Ich erwarte das Gefühl „endlich frei", doch es kommt nicht. All die Last der letzten Jahre schweigt und wohlwollende Gewohnheiten bleiben: ich will sie anrufen, ich merke mir Alltagserlebnisse, um sie ihr erzählen zu können, ich suche nach unseren Familien-Gemeinsamkeiten. Was vorher oft lästige Pflicht war, erfüllt mich jetzt mit Wehmut: meine Mutti ist weg. Dass sie mir so fehlt! Da war doch wohl mehr Liebe, als ich dachte.

I feel like a motherless child. In mir ist ein Schweben, das ich sogar körperlich spüren kann:
Ich habe meinen Anker im Leben verloren.
MUTTER – ein Inbegriff für:
> immer da für mich
> ein Stück von mir
> und ich von ihr
> aus einem Sein.

Weit mehr als die Personen. Ein Ur-Sein: Mutterundtochter. Eine Lebensversicherung, das Netz unter meinem Sein. Und jetzt? - „Undtochter". Ich bin noch nicht allein, aber das „Und" greift ins Leere. Der Anker ist weg.
Es wird eine Zeit kommen, da ist mein Sein: „Frau". Dann ist auch die „Tochter" verweht. Die Tochter der Mutter.

~~~

Auf unserem Spaziergang an der Lahn am 27.12.2013 bringt mich unser junger Hund zu Fall. (Unja ist 2012 nach vierzehn langen Lebensjahren gestorben.) Aiko stürmt eine Böschung herunter, verliert die Kontrolle über seine Pfoten und kugelt mir mit Wucht zwischen die

247

Füße. Im Krankenhaus von Limburg diagnostiziert man: Wadenbeinbruch, gipst meinen Unterschenkel ein und verpasst mir zwei Krücken: „Nicht belasten!" sagt man. Erstaunt füge ich mich in mein neues Leben. Noch nie hatte ich einen Knochenbruch und nur mühsam lerne ich die neuen Bewegungsabläufe. Aber voll Glück genieße ich das Ausruhen. Ich MUSS die Beine hochlegen! Man umtüddelt und verwöhnt mich.

In der neuen Klinik in Süddeutschland beschließt man, nicht zu operieren, sägt kopfschüttelnd den Gips auf und passt mir eine Orthese an. Die sieht aus wie ein Skischuh und hat den Vorteil, dass man sie problemlos an- und ausziehen kann. Nun kann ich sogar duschen. Und ich muss nicht in die Schule! Das ist das Wichtigste. Zusätzlich zu den zwei Wochen Weihnachtsferien schreibt man mich für vorerst drei Wochen krank. Insgesamt wird der Heilungsprozess vier bis acht Wochen dauern. Ich bin nicht böse drum! Da ist so viel Erschöpfung in mir! Endlich darf ich richtig ausruhen! Ich muss stillsitzen! Welch Geschenk! Alle gehen arbeiten – ich nicht. Herrlich!

Meine Klasse wird von einem Vertretungslehrer betreut, dem ich den Unterricht vorbereite. Die Siebtklässler tun mir leid, denn sie müssen sich an neue Zustände gewöhnen, die nicht immer leicht auszuhalten sind.

Aber ich kann es nicht ändern. Tag für Tag genieße ich mein Nichts-Tun und werde immer ruhiger, immer weicher. Ich komme mir vor wie ein Wassertropfen, der in einen stillen See sinkt. Immer tiefer, dem Grund entgegen.

licht
der sonne
und tausend
sterne

vereinigt
im ich

sinkt
tief
in die stille
des sees

zeitgrenzen
zerfließen

ewig
im jetzt

Und dann schleichen sich sachte und vorsichtig die Engel
in mein Leben. Diese Wesen, die bisher kleine dicke
Putten mit dümmlichen Gesichtern in barocken Kirchen
für mich waren, sie bekommen ein neues Bild in mir. Ich
lerne Julia kennen, die im Januar 2014 mit mir ein Engel-
Reading macht, in dem wir um Klarheit bitten, wohin
mein Weg führen soll. Vielleicht kommt Ordnung in all
die Puzzleteile, die da heißen: Störungen auf der linken
Körperseite/Adler-Traum/Hingabe/wesentlich-sein/
Schulmüdigkeit/Ruhe nach dem Sturz.
Das Reading dauert zwei Stunden und ich kann nur
staunen, dass verborgene Informationen über mich

abrufbar sind. Staunen, welche Zusammenhänge aufgetan und welche Lösungswege angeboten werden. Woher kommt all dieses Wissen? Die Essenz aus der Fülle der Hinweise kristallisiert sich erst nach einigen Tagen heraus: Die Balance zwischen meinem männlichen yang-Anteil und meinem weiblichen yin-Anteil ist gestört. Immer noch! Das altbekannte, fast in Vergessenheit geratene Thema vom „Schwarzen" und der „Schmetterlingsfee" taucht wieder auf. Es ist noch nicht behoben. Es zeigt sich zwar in entschärfter Form, doch weiterhin kommt meine weibliche Seite zu kurz, gelingt mir die Seelenpflege, die Balance von yin und yang nur in Ansätzen. Wie soll es weitergehen?

Im Alltag steht jetzt weiterhin der Heilungsprozess im Vordergrund. Ich freue mich über die ersten Schritte auf der Terrasse und darüber, kleine Stufen mit Krücken zu bewältigen. Ich lege mit Wonne die Beine hoch und bin immer noch nicht gelangweilt. Die Nachrichten aus der Schule verschaffen mir allerdings ein schlechtes Gewissen. Meiner Klasse geht es nicht gut, denn der Vertretungslehrer scheint mit der Disziplin überfordert zu sein. Auch muss ich erkennen, dass all die Arbeit, die ich für ihn gemacht habe, umsonst war, denn es gelingt ihm nur ansatzweise, sie im Unterricht zu verwirklichen. So stehen das Wohlergehen der Schüler/innen und ihr Lernerfolg in Zweifel. Soll ich vorzeitig wieder in die Schule gehen, um zu retten, was noch zu retten ist? Ist das nicht wieder meine „Macher-Schiene"? Der Beinbruch will mich eigentlich bremsen! Will mir zeigen, dass es für mich nicht nur wichtig ist, eine gute Lehrerin zu sein, sondern dass meine Ganzheit, die Entwicklung meiner Seele mein Lebensfokus sein sollte! Und so bleibe ich „brav" bis zum zehnten März zuhause. Voll Freude, endlich wieder unterrichten zu können, stürme ich dann in die Schule! Doch nach zwei Stunden bin ich erschöpft, zu Tränen erschöpft. Unfassbar! Mühsam halte ich eine Woche durch, dann muss ich mich krank melden. Ich kann nicht mehr!

Hoffnungsfroh fahren wir zum Darshan zu Mutter Meera. Bitte hilf mir! Das Wochenende klingt mit einer erstaunlichen Wende aus: Ohne Umschweife kann ich plötzlich das „Wasser" aus meinem Adler-Traum sein! All die Monate vorher gelang nur der Rollentausch mit dem Adler und nun kann ich in einer Gedankenreise ohne Anstrengung Wasser sein: Der Adler sitzt vor mir und schaut mich an. Voll Mitgefühl kann ich zärtlich zu ihm sagen: „Komm her! Es ist gut. Du hast genug geschuftet. Du darfst dich jetzt ausruhen!" Und ich lege mit rechts einen großen Engelsflügel um ihn, so dass er beschützt ist und sich ergeben, sich ganz hingeben kann. Es ist ein Gefühl wie: endlich geschafft! Ich bin auf der weiblichen yin-Seite!

Und es ist die Erlaubnis für meine Schwäche. Meine Seele atmet auf. Aber die Pein in der Schule geht weiter. Ich bin der Hamster, der aus dem Laufrad fiel. Ich komme nicht wieder hinein. Das Rad dreht viel zu schnell für mich.

Nach vielem Suchen werde ich im Internet fündig. Es gibt in der Nachbarstadt in fünfzehn Kilometer Entfernung eine Frau, die schamanisch arbeitet und Engelkontakte herstellen kann. Dora bietet beratende Einzelsitzungen an, mehrtägige Kurse und geführte Meditationen. Vielleicht kann ich hier meine weibliche Seite pflegen und stärken? Ich besuche erst einmal eine ihrer Meditationen, um sie „beschnuppern" zu können. Ihre offene, temperamentvolle Art ist mir sofort angenehm. Hier tauchen andere Engel auf, als die pausbäckigen Kinder. Diese Engel sind groß und mächtig und präsentieren sich mit starker Energie. Sie haben Botschaften für jede Teilnehmerin und erfüllen uns mit liebevoller Kraft. Das gefällt mir. Ich melde mich zu einer Einzelsitzung an. Dieses Gespräch mit Dora ist freundlich und locker. Wir sind uns sympathisch und ich mag viel von mir erzählen. Zwei Punkte erschüttern mich in dieser Sitzung tief:

Sie fragt mich nach der Höhe der gefühlten Belastung durch meine Arbeit in der Schule und ich antworte so: auf einer Zehner-Skala ist die Belastung bei Neun. Dora ist ganz erschrocken, sieht keine Möglichkeit für einen Ausgleich, und meint, es gäbe nur entweder - oder.

Nach der anschließenden Energiebehandlung bin ich in Tränen aufgelöst. Es jammert aus mir heraus: „Ich gehör gar nicht mehr hierher!" Es weint mich und weint mich. Ich erkenne, dass meine Seele längst woanders zuhause ist: bei Mutter Meera in Steinhausen – und nicht mehr in Weiladingen.

Dora reagiert entschieden: Das sollte nicht warten müssen, das sollte ich sofort verwirklichen!

Sie glaubt nicht daran, dass es nicht möglich ist. „Hat die ne Ahnung!", denke ich fast erbost. Schule, Antragstermine, Schwiegermutter, David, Geld!

Und es weint mich so sehr!

Völlig durch den Wind tappe ich durch die nächsten Stunden. Ich kann doch nicht aus der Schule raus! Die Antragstermine sind schon vor vier Monaten abgelaufen! Und: Ich kann doch nicht nach Steinhausen ziehen, wie soll es denn dem David gehen?!

In meiner Verwirrung taucht der Satz wieder auf: DEIN Wille geschehe. Er ist mir wie ein Ausweg. Lass IHN machen, Emma. Und plötzlich weiß ich die nächsten Schritte, die ich zur Klärung gehen kann: zunächst muss ich mich kundig machen, ob es überhaupt und unter welchen Bedingungen möglich wäre, frühzeitig aus der Schule auszuscheiden. Erst dann darf ich David einbeziehen, damit er nicht unnötig Probleme wälzen muss.

Die Erholungszeit in den Osterferien im April verändert meine Situation in der Schule nicht. Ich hoffe auf die Pfingstferien im Juni. Danach wird es mir sicher wieder besser gehen. Vorläufig pendelt sich ein, dass ich das Unterrichten immer wieder versuche, aber an meine Grenzen stoße und wieder zuhause bleiben muss. Ich bin nicht mehr belastbar!

Fühlt sich so Burn-out an?

Begleitend erforsche ich die Möglichkeiten des vorzeitigen Ruhestands. Hin und her schicken mich die Informationen. Ich stürze und steige, bin entmutigt und voll Zuversicht – je nach Auskunft, die ich erhalte. Es ist eine anstrengende Zeit. Schließlich kristallisiert sich heraus, dass ich noch ein Jahr in die Schule gehen werde und in acht Monaten, im Dezember 2014, kann ich fristgerecht meinen Antrag auf vorzeitigen Ruhestand stellen. Die finanziellen Einbußen werde ich in Kauf nehmen.

Dann treffe ich Julia wieder und sie bekommt von den Engeln die Zusicherung: Wenn ich es wirklich will, kann ich schon zum Sommer 2014 raus! Also in drei Monaten! Und wieder geht das Planen und Grübeln von vorne los. Aber: Jetzt fühle ich mich plötzlich in meiner Kraft. Zweifel, Ratlosigkeit und Niedergeschlagenheit sind gewichen. Eine neue Aufgabe scheint ihre Energie zu mir zu schicken. Und ich erinnere mich an einen Traum vom 5.4.2014, der eine ähnliche Energie ausstrahlte wie diese neue Aufgabe:

Ich bin bei Mutter Meera, aber alles ist anders als gewohnt. SIE ist mit uns zusammen ohne Darshan zu geben. Die Menschen gehen durcheinander und ich weiß nicht, warum. Ich fühle mich fremd. Dann ist Mutter Meera neben mir. SIE küsst mich! Ins Gesicht. Der Kuss ist nicht „körperlich".

Wir gehen Arm in Arm den anderen Menschen hinterher. Jetzt fühle ich mich warm und geborgen: SIE ist bei mir. Ganz ruhig, sicher und verlässlich. Dieses Gefühl ist greifbar, auf einer vertrauten Ebene. Während der Kuss mich fragend zurücklässt: Was hat er zu bedeuten? Er ist so anders, als ich Küsse kenne.

Auch nach dem Traum blieb der Kuss ein Rätsel. Ist er ein „Siegel"? Er ist wie aus einer anderen Welt mit einer tiefen Bedeutung, die sich mir nicht enthüllt. Und nun fühlt sich mein neuer Elan für eine Veränderung ganz ähnlich wie seine Energie an! Seltsam. Mein Fokus wechselt: ich entscheide mich nicht mehr GEGEN die Schule, sondern FÜR eine neue Aufgabe, wie immer sie aussehen mag!

Am Geburtstag meines Vaters im Mai kommt die Information vom Schulamt, dass ich im Sommer 2014 mit fachärztlichem Attest und amtsärztlichem Gutachten aus gesundheitlichen Gründen vorzeitig pensioniert werden kann. 7,2% Abzug vom Gehalt muss ich in Kauf nehmen. Als ich David einweihe, reagiert er voll Verständnis. Die befürchtete Panik bleibt aus! Offen gibt er zu, dass es ihm lieber wäre, ich ginge erst im Sommer 2015, weil es dann weniger finanzielle Abzüge gibt, aber er könne es auch „überleben", wenn ich in diesem Jahr aus der Schule aussteige. Jubilate!

Dann überfallen mich Zweifel. Spinne ich jetzt komplett? Ich treffe eine so wichtige Lebensentscheidung aufgrund von Engel-Botschaften?? Woher kommt mein Vertrauen? Darf ich vertrauen? Mitte Mai fahre ich allein zu Mutter Meera. Ich hoffe auf ein Zeichen von Ihr. Und ich will in Stille meine Gedanken sortieren.

Als Mutter Meera den Darshan-Raum betritt, hämmert es in mir:

„Sind die Bedingungen gut, dann geh!"

„Sind die Bedingungen gut, dann geh!"

Erst nach einer Weile erkenne ich, dass SIE es ist, die mir den Satz eingibt. „Sind die Bedingungen gut, dann geh!"

Ich begreif es kaum: Mutter Meera sagt JA! Ich darf wirklich vertrauen!

Prüfend schaut der Adler sich um, neigt dann den Kopf leicht nach links und taucht ihn unter Wasser! Totales Einfließen-Lassen. Totale Hingabe. Ungeheuerlich! Und es ist gut für ihn. So gut.

Ich darf den Kopf ins Wasser neigen, mich hingeben ans Göttliche und vertrauen! Was ist das für eine Macht, dieses Wort der Engel-Wesen? Jetzt fällt mir auch wieder ein, dass sie mir schon einmal begegnet sind in ihrer ganzen Größe und Würde. Es war auf dem französischen Teil unseres Jakobsweges. In der schlichten romanischen Kirche von St. Romain hatten sich drei große Engel zu mir gesellt. Sie begleiteten mich auf dem Weg und beschützten uns die ganze Nacht. Sie standen neben unserem Zelt auf stürmischer Klippe hoch über dem Tal. Kraftvoll wachten sie neben uns. Ihre Körper waren gleichzeitig Materie und durchsichtig. Ein Teil in mir fand ihre Anwesenheit selbstverständlich – ein anderer musste sich sehr wundern. Ob es ihre Kraft war, die mich an zwei Stellen auf dem Weg vorwärts schob? So deutlich, dass ich mich umdrehte! Doch ich sah niemanden hinter mir – und David war weit entfernt.

Denkgewohnheiten bröckeln. Ich hatte immer das Selbstverständnis, dass ich alles allein und aus eigener Kraft tun muss. Und nun sind da so viele Helfer für mich! Es gibt die große Mutter Meera, deren Hilfe so eine Gnade ist, dass ich nur selten darum bitte. Und nun erfahre ich, dass da auch noch viele Engel sind, die nur auf einen Wunsch von mir warten! Und sogar ein Schutzengel für mich ganz allein! Ich muss gar nicht selber stark sein – ich darf mir helfen lassen! Das kann ich noch gar nicht so recht begreifen.

Auch die Pfingstferien bringen keine Veränderung. Schon nach wenigen Schulstunden bin ich wieder erschöpft und den Tränen nahe. Der Countdown läuft: Termin bei der Neurologin für das fachärztliche Attest, Information über das zu erwartende Ruhegehalt, und der Schulamtsdirektor veranlasst, dass ich im nächsten Schuljahr nicht mehr „zähle", d.h. für das Schuldeputat nicht mehr angerechnet werde. Schritte, die noch keine Erlösung sind, aber Meilensteine auf dem Weg dorthin. Am Geburtstag meiner Mutter im August muss ich zum Amtsarzt. Das ist der schwerste Schritt. Vor meinem geistigen Auge sehe ich einen älteren, wohlbeleibten Herrn, der streng über seine Brillengläser schaut. Mit ihm ist nicht gut Kirschen essen, denn er verlässt die formelle Amtsarzt-Haltung nicht zugunsten von menschlichem Mitgefühl.
Lange muss ich auf dem Flur warten. Mein Hals ist ganz trocken vor Aufregung und ich weiß, meine Stimme würde jetzt zittern, wenn ich etwas sagen sollte. Dann darf/muss ich das Arzt-Zimmer betreten - und ich blicke in die warmen Augen einer älteren Frau, die sich freundlich zu mir neigt! Alles, alles kann ich ihr erzählen, mit all meiner Verzweiflung darüber, was mir geschieht. Sie versteht. Sie kann meinen Antrag unterstützen! Doch leider muss sie ihr Gutachten vom Chef absegnen lassen.

Das heißt für mich: wieder warten. Wann ist es endlich rum???

Ich gehe in die Sommerferien ohne zu wissen, ob meine letzten Schultage hinter mir liegen. Von meiner Klasse habe ich mich verabschiedet. Sie bekommt auf jeden Fall eine neue Lehrkraft.

Wie es wohl mit mir weitergehen wird? Ich bitte Dora mir bei der Antworten-Suche zu helfen. Sie erfährt: „In meiner Entwicklung ist es jetzt möglich, dass ich mich für die Botschaften der Helfer in der geistigen Welt öffne und von ihnen Hinweise bekomme, wie ich mich mit dem Höchsten vereinigen kann. Dies ist ein langsamer Prozess, der Muße, Zeit und Raum benötigt. Im Alltag ist es hilfreich, wenn ich mit viel Achtsamkeit von Moment zu Moment entscheide, was ich tun möchte. Und annehme, welche Idee auch kommt!" Dora sieht ein leeres Buch, in das ich alle meine Erfahrungen hineinschreiben soll – auch wenn ich sie nicht verstehe. Später würden sie sich mir entschlüsseln. - Die Tragweite dieser Antwort ist mir im Jahr 2014 nicht bewusst. Heute, im Jahr 2017, gehört das Empfangen von Botschaften aus der geistigen Welt zu meinem Alltag!

Aber zurück. David und ich beginnen die Sommerferien 2014 wie gewohnt mit einem Besuch bei Mutter Meera. Es geht mir nicht gut. Hitzewellen, Schlafstörungen und Schwindelgefühle beeinträchtigen mich so, dass ich erwäge eine Homöopatin aufzusuchen. Da bekomme ich im Darshan den Satz geschenkt: „Mutter versorgt dich." Wie tröstlich!

Am nächsten Tag erlebe ich eine Überraschung: In einem Einkaufszentrum will ich einen Billig-Schuhladen betreten, als Mutter Meera mit Elke, einer Begleiterin aus dem Team, aus ihm herauskommt. Wie erstarrt bleibe ich stehen. Da steht SIE plötzlich vor mir in bequemer Hose, mit einem riesigen Pullover, mitten im Alltag! Welch Kontrast zur Darshan-Mutter! Mein Gehirn ist wie leergefegt und mein Mund stammelt: „Hallo, MA!" SIE schaut mich ernst an und fragt: „Wie geht's?" Wie soll es mir schon gehen? MA! Neben Dir!? Automatisch kommt meine Antwort: „Gut." Denken kann ich nicht. Das merkt man auch an meiner „geistreichen" nächsten Frage: „MA, hast du Schuhe gekauft?" Logisch! Wir sind ja nicht vorm Metzgerladen! Dann stehen wir still beieinander. SIE blickt in die Ferne, als sehe SIE eine andere Welt als diese grad hier im Einkaufzentrum. Schweigen. Etwas geschieht. Wie eine andere Art von Kontakt. Die Zeit bleibt stehen.

Eine Ewigkeit später sagt SIE tschüss und geht mit Elke zum Auto. Wie auf Wolken finde ich im Laden ein Paar Schuhe – allerdings haben sie nicht die gewünschte Farbe und ich lasse sie im Regal. Wie auf Wolken treffe ich David an unserem Auto und erzähle aufgeregt. Erst einige Kilometer später bei Aldi beschließe ich die Schuhe doch zu kaufen. Als Erinnerung. Die Wolken-Stimmung hält den ganzen Tag an. Unfassbar, dass mir nichts Sinnvolleres zu reden einfiel! Unbegreiflich, dass ich Elke nicht begrüßte vor lauter MA.

Mutter Meera begegnet mir im Alltag.

Das ist der Satz, der als Essenz bleibt. Ein Omen?

Es folgt Freude, Freude, Freude! Zum Platzen schön! In Gedanken tanze ich während des heutigen Darshans Walzer durch den Mittelgang! Unbändige Freude! Mein Kreislauf spinnt nicht mehr, meine Erschöpfung fühlt sich nur noch klitzeklein an und Schlafstörungen habe ich auch nicht mehr! Stattdessen: Freude, Freude, Freude! Mutter versorgt mich. Mutter begegnet mir im Alltag.
Und im Darshan „sehe" ich meinen Schutzengel! Es ist gut für mich gesorgt!

Mit diesem „Energie-Paket" fahren wir nach Südfrankreich, wo ich gesunde. Täglich wächst meine Kraft und über alle Maßen erleichtert bin ich, als ich es schaffe einen 19oo m hohen Berg zu erwandern. Es geht aufwärts – im wahrsten Sinne des Wortes! Auf unserem Busle-Platz in the middle of nowhere lassen wir es uns gut gehen, verweilen, lesen, schauen ins Land. Da saust ein Schatten über uns. Das Schlagen von Flügeln. Ein großer Vogel. Viel größer als das Käuzchen, das uns gestern Abend zutraulich begrüßte. Der Schatten-Vogel gleitet über uns, zieht weite Kreise, kommt zurück und kreiselt in die Höhe. Höher und höher! Er ist gut zu erkennen: Jean le Blanc, so heißt er hier. Schlangen-Adler nennen Deutsche ihn.
ADLER! Der Adler aus meinem Traum.
Ein mächtiger Gruß! Erhaben. GOTT-nah.
Er berührt meine Seele.
Möge seine Kraft mich stärken und mich mit GOTT verbinden. Danke, Adler.
Nun habe ich drei Helfer: Mutter Meera, meinen Schutzengel und den Adler. Diese drei Energien können

mich durch die Zukunft tragen – was immer sie bringen wird!

Am Abend liege ich noch lange wach, erfüllt vom Tag mit seinen besonderen Geschenken.

Mir fällt das Engel-Reading mit Julia ein, in dem es hieß, ich würde mein Wissen an Erwachsene weitergeben. Was das wohl zu bedeuten hat? Die Idee von z.B. Volkshochschulkursen begeistert mich kein bisschen! Ich will nicht mehr Lehrerin sein! Und welches Wissen sollte ich auch wohl weitergeben?! Höchstens mein „Adler-Wissen" aus der Verbindung zum Göttlichen - oder galoppiert jetzt meine Phantasie ins Unendliche? Vielleicht ist das die neue Aufgabe, die sich ankündigt? Da zischt eine Sternschnuppe über den Nachthimmel. So hell, so nah, so lange wie ich noch nie eine sah! Es ist mir wie Bekräftigung des eben Gedachten. Was wohl aus mir werden wird?

Die Sommerferien neigen sich dem Ende zu und immer noch nicht ist mein Antrag auf vorzeitigen Ruhestand entschieden. Eine missliche Lage auch für meine Schule. Drei Tage vor Schuljahrsbeginn ist meine Geduld plötzlich zu Ende und ich rufe im Gesundheitsamt an, ob mein amtsärztliches Attest fertig sei. Erstaunt sagt man mir, das sei doch schon Anfang August zum Regierungspräsidium geschickt worden! Ich fahre in die Schule und bitte meinen Rektor beim RP anzurufen – sicherlich hat seine Nachfrage mehr Dringlichkeit als mein kleiner persönlicher Wunsch. Am anderen Ende der Telefonleitung herrscht Stille, als er unser Anliegen vorgetragen hat. Nur das Rascheln von Papier ist zu hören. Es raschelt lange. Dann lauschen wir einem Selbstgespräch: „Das ist doch schon alles fertig … da muss ich doch nur…" Laut und entschlossen kommt dann der Text für unsere Ohren: „Sie soll sich bis zum Ende des Monats krankschreiben lassen. Das Schreiben geht Montag raus!"

RAUS! Das neue Zauberwort für mich! Ich bin RAUS! Nie wieder „Affenstall" Schule! Meine Kollegen haben Tränen in den Augen. Und ich platze vor Glück! Beim Gong zur ersten Schulstunde nach den Sommerferien 2014 liege ich mit meinem Popo im Bett!

Ich genieße meinen ersten Ruhestandstag.

Einige Tage später gehe ich mit den Symbolen für meine drei Helfer: Mutter Meera, Engel und Adler auf einen nahen Berg. Spitz thront er als Zeugenberg vor der Albtraufkante. Er ist „mein" Ritualberg.

Heute will ich DANKE sagen.

- ❖ Bei Mutter Meera, die mich immer begleitet und leitet.
- ❖ Bei den Engeln, ohne deren Botschaften ich den Ausstieg aus der Schule nicht für möglich gehalten hätte. Und die tatsächlich Recht behalten haben: Wenn ich es wirklich will, bin ich zum Sommer 2014 raus!
- ❖ Und bei meinem Adler, der mich mit dem Höchsten verbindet, indem er den Kopf unter Wasser neigt. Adler, lehre mich fliegen!

Auf der Bergspitze verbrenne ich meinen Lehrerkalender und danke für die gute Schulzeit, die ich all die Jahre seit 1975 hatte. Ich bin gern Lehrerin gewesen - mit Herzblut!

Ein „Lokal-Adler" (Milan) lässt seinen hellen Schrei drei Mal erklingen! Er wird mich weiter führen. Er wird mir helfen meine Schmetterlingsfee zu leben und meine sanfte Seite zu pflegen. Mein Ziel ist:

ICH WILL ZU GOTT
Mutter Meera wird mir helfen es zu erreichen.

Anhang

1. Mutter Meera
2. Umgang mit Träumen
3. Schlüssel-Methoden zur Selbsterforschung
4. Die Phyllis-Krystal-Methode

1. Mutter Meera

Mutter Meera ist eine Verkörperung des weiblichen Aspekts des Göttlichen, der Göttlichen Mutter. Sie wurde 1960 in Süd Indien, im Staate Andhra Pradesh, geboren. Heute lebt sie in einem kleinem Dorf in Deutschland und gibt Darshan in Balduinstein bei Limburg.
Mutter kam um das Weltbewußtsein für eine höhere Ebene der Evolution zu reinigen und zu transformieren. Dafür bringt sie das Licht des Höchsten auf unsere Ebene herunter. Mutters Arbeit ist für die gesamte Welt, für alle Glaubensrichtungen und alle Menschen, unabhängig von ihrem gesellschaftlichen Status oder kulturellen Hintergrund. Jeder ist willkommen.

Im **Darshan** bereitet Mutter Meera uns vor, das Göttliche Licht zu empfangen. Dazu knien wir uns direkt vor die Mutter und beugen den Kopf, damit sie ihn in Ihre Hände nehmen kann. An einer für uns unsichtbaren Linie auf dem Rücken sieht sie, wie weit wir in unserer spirituellen Entwicklung sind und wo sie uns helfen kann, indem sie Verknotungen auflöst. Danach schaut Mutter uns in die Augen, füllt sie mit Licht und schickt uns Hilfe für unseren Alltag. All dies geschieht in absoluter Stille.

Mutter Meera schenkt Ihren Darshan weltweit: In diversen deutschen Städten, in Österreich, Italien, der Schweiz, in Frankreich und den Niederlanden. Sie reist nach Australien, England, Irland, Kanada und in die USA.

In Indien leitet Mutter Meera eine Schule mit über 1000 Schülern.
(Weitere Informationen: mothermeera.com und YouTube)

2. Umgang mit Träumen

Zu Entschlüsselung meiner Träume denke ich mir alle Dinge oder Personen, die darin vorkommen, als Anteile von mir selbst. Nicht immer ist diese Methode aufschlussreich, dann suche ich Hilfe bei Personen, die mich gut kennen, die einen guten „Draht" zu mir haben, um die Botschaft zu verstehen. Ratsam ist es bei diesem Vorgehen, auch die konkrete Lebenssituation im Blick zu haben, denn Traumbilder beziehen sich in der Regel auf das, was in der Seele aktuell schwingt. Es liegt in der Natur der Sache, dass sich nicht alles bis ins Kleinste „erklären" lässt, denn in der Bildersprache ist das Unaussprechbare vorherrschend. Der Rest der Entschlüsselung bleibt „Fingerspitzengefühl".

3. Schlüssel-Methoden

So, wie man in der Welt der Materie Straßenkarten, Wegweiser und das „Navi" benutzen kann, um sein Ziel zu erreichen, so gibt es auch für die Landschaften der Seele Orientierungshilfen in Form von Entschlüsselungs-

Methoden. Sie dienen der Klärung von Gefühlen, emotionalen Zuständen und Traum-Bildern und können das Verstehen von Erlebtem ermöglichen. Man könnte sie als eine Art „Seelen-GPS" bezeichnen.
In meinem Leben sind mir wichtig:

- Holotropes Atmen
- Intuitives Malen
- Tanz/Bewegung
- Gefühlsreisen

Diese Methoden schaffen günstige Rahmenbedingungen für einen überwiegend spontanen Ausdruck dessen, was in uns schlummert. Außerdem benutze ich gerne Tarot-Karten und Aussagen über die Bedeutung von Zahlen.
Im Folgenden will ich diese „Türöffner" aus meiner persönlichen Sicht und Erfahrung beschreiben.

a) Holotropes Atmen

Im Internet finde ich diese Definition:
„Das HOLOTROPE ATMEN wurde 1975 von Stanislav und Christina Grof entwickelt; holotrop bedeutet ganzheitlich. Diese tiefe Form der Selbsterfahrung ist eine Synthese aus alten spirituellen Techniken und den Erkenntnissen der modernen Bewusstseinsforschung und macht es möglich, alte Wunden zu heilen und die spirituelle Dimension des Seins wiederzuentdecken. Durch Tiefenatmung und Musik wird ein außergewöhnlicher Bewusstseinszustand hergestellt, in dem unverarbeitete Elemente aus der Lebensgeschichte

integriert werden können, eine Begegnung mit Geburt und Tod stattfinden kann oder spirituelle Erfahrungen möglich werden. Körperarbeit, Mandalamalen und Gruppengespräche unterstützen die Integration der Erlebnisse. (www.holotropes-atmen.de)

Meine Erfahrung:
Da liege ich nun mit Herzklopfen auf der Matte. Was erwartet mich? Welche Bilder und Gefühle werden aus den Tiefen meines Inneren aufsteigen? Zu welchen transpersonalen Inhalten werde ich Kontakt bekommen? Nichts ist planbar, ich muss vertrauen. Neben mir sitzt mein „Sitter". Er wird in den nächsten Stunden für mein Wohl sorgen: mich vor Verletzungen schützen, wenn ich zu wild agiere; mich zudecken, wenn ich friere oder/und mich (wenn nötig) auf die Toilette begleiten, weil meine Schritte wackelig sind in diesem besonderen Bewusstseinszustand, in den ich gleich reise. Um mich herum liegen weitere Personen, die sich auf diesen Prozess einlassen möchten. Es können zwischen 5 und 100 sein. Der speziell ausgebildete, psychotherapeutische Leiter wacht achtsam über die „Reisenden" und steuert die Musik passend zu seinen Beobachtungen. Man wünscht sich gegenseitig eine „Gute Reise" und dann geht's los.
Ich liege und schnaufe, höre die Stimme des Leiters immer leiser, der unseren Atem beschleunigt: tiefer und schneller, tiefer und schneller, tiefer und schneller. Jetzt kommt meine Angst-Phase, denn ich leide zu Beginn des Sauerstoffschubs immer unter Krämpfen. In meinen Waden kreischen die Schmerzen, meine Finger schließen

sich zu unlösbaren Bündeln und meine Lippen formen einen schmerzhaften Kussmund. Mein Bewusstsein ist noch voll da und ich kämpfe mich tapfer durch diese Pein. Ich atme tiefer und schneller, tiefer und schneller. Ich schnaufe wie eine alte Lok. Dann ist es geschafft! Die Krämpfe lösen sich und die sehr laute Musik nimmt mich mit. Sie steigert ihren Rhythmus kontinuierlich bis eine intensive Spannung in mir entsteht. Die Trommeln puschen mich bis zum Äußersten. Erste Schreie von meinen Reisegefährten dringen an mein Ohr, bis ich soweit bin, dass ich nur noch mich wahrnehme. Heute packt mich ein traumatisches Kindheitserlebnis. Ich durchleide es erneut, weine und schreie, tobe auf der Matte. Die Erfahrungen wühlen in wildem Durcheinander aus mir heraus. Wut und Trauer und Verzweiflung rasen in mir. Wie gut, dass mein Sitter meine Wünsche erfüllt. Mal brauche ich seine tröstende Umarmung, mal soll er gegen meine Hände drücken, dass ich kämpfen kann, um meine Spannung zu kanalisieren. Irgendwann sortieren sich meine Gefühle und die der Gruppe. Die Musik klingt jetzt sakral. Tränen der Erleichterung kullern aus meinen Augen und mein Erleben ordnet sich zu einem kosmischen Einklang. Heilung geschieht. Es wird still in mir. Erschöpfte Dankbarkeit macht sich breit. Das Kindheitserlebnis hat seine Bedrohung verloren, denn die früher nicht gelebten Gefühle sind nun befreit. Ich fühle mich bereinigt.

Der Leiter kommt zu mir und fragt nach Unabgeschlossenem. Doch in mir ist alles gelöst, er muss den Prozess nicht mit therapeutischer Körperarbeit vollenden. Noch ganz benommen tase ich zum Malblock. Das Erlebte darf nun in einem Mandala sichtbar werden. Dieses Malen kann ich nicht steuern. „Es" malt mich. Danach besänftige ich meinen enormen Hunger mit Nüssen und Obst; die Reise hat viel Energie gebraucht. Doch die wirkliche Stärkung mit einer warmen, erdenden Mahlzeit, bei der Kartoffeln oder Nudeln nicht fehlen dürfen, erfolgt erst ganz am Ende der Sitzung. Noch sind wir nicht fertig. Nach einer Pause geht es nämlich in die zweite Runde: jetzt bin ich Sitter und mein Partner aus der ersten Runde geht ins holotrope Atmen. Gute Reise!

Wenn alle Gruppenmitglieder ihren Prozess durchlaufen haben, treffen wir uns zu einer Reflektionsrunde. Erfahrungen können (nicht: müssen) ausgetauscht, Fragen gestellt und beantwortet werden. Erschöpft und aufgewühlt gleiten wir langsam zurück in „diese" Welt.

Dabei hilft auch das köstliche Mahl, das jetzt auf uns wartet.

b) Intuitives Malen

Das intuitive Malen geschieht ohne Plan. „Es" malt mich. Meist ist ein Problem-Thema Ausgangspunkt, manchmal weiß ich die erste Linie oder Farbe, mit der der Prozess anfangen soll. Wenn ich sie zu Papier gebracht habe, läuft das weitere Geschehen wie von selbst. Ich folge meiner Intuition und versuche, alle Korrekturen von „schön" oder „geht doch nicht" auszuschalten. Für diese

Arbeit brauche ich einen Aquarell-Block, weil bei ihm das Blatt ringsherum befestigt ist und bei „stürmischem" Malgeschehen nicht verrutscht. Ölkreiden sind gut geeignet, weil sie kräftigen Aufdruck gestatten und farbintensiv sind. Sie können außerdem mit dem Finger oder einem Papiertuch verrieben werden, was oft wichtig ist und die Ausdruckskraft des Gemalten verstärkt.

In Selbsterfahrungskursen habe ich auch großflächig und mit Abtönfarbe, die mit den Händen aufgetragen wurde, gearbeitet. Aber das passt nicht zu meinen häuslichen Möglichkeiten.

Alternativ kann es sein, dass ich feine Holzstifte verwende, wenn mir die Intuition diesen Weg weist. Dann entstehen meist „heilige" Bilder und der Malvorgang ist ruhiger, aus meiner Tiefe heraus. Ich erfahre meine GOTT-Verbundenheit.

Unterstützend wähle ich bei Bedarf passende Musik zum Malen, entweder etwas „Wildes", wenn meine Emotionen toben oder etwas „Heiliges", wenn ich tief nach innen gehen möchte. Manchmal ist Stille angesagt. Mein innerer Beobachter begleitet den Prozess achtsam, fühlt mit und erfährt sich selbst. Das ist das Wesentliche bei dieser Art Seelen-Erforschung: ich schaue, was mit mir passiert und nicht so sehr, was auf dem Blatt erscheint. Natürlich gibt mir auch das fertige Bild Auskunft über mein So-Sein, über Aspekte des Themas und eventuell zeigt es Entwicklungstendenzen auf, aber der innere Prozess steht im Vordergrund. Immer komme ich gestärkt und heiler aus diesem Mal-Geschehen heraus.

c) Tanz/Bewegung

Einen ganz ähnlichen Ansatz hat bei mir das Tanzen, das mit oder ohne Musik stattfinden kann. Auch hier gibt es ein inneres „Thema", das sich ausdrücken möchte. Meine Gefühle und Stimmungen dazu transformieren sich in Körperbewegungen und werden so für mich sichtbar. Mein innerer Begleiter ist besonders wachsam, weil es kein „Endprodukt" gibt, das ich nachträglch anschauen kann. Hier zählt nur das Geschehen. Dafür erlebe ich die Emotionen intensiver als beim Malen, weil mein ganzer Körper involviert ist. Tiefe Reinigung geschieht, Reinigung und Befreiung.

d) Gefühlsreisen

Wenn ich mit einem Problem, einer Gefühlslage in mir nicht zurechtkomme, kann es hilfreich sein, eine Gefühlsreise zu machen. Dabei stimme ich mich auf die Notlage ein, formuliere vielleicht einen Satz, der ausdrückt, was mich quält und „spinne" weiter. Am einfachsten geht es, wenn mich eine Person, die mit solcher Arbeit vertraut ist, begleitet. Ich mache diese Reisen gern mit meinem Mann. Durch Fragen kann er meinen Prozess fördern, wohlgemerkt: nicht lenken! Die Richtung bestimmt mein innerer Heiler, der durch meine Intuition zu mir spricht. Die „Reise" ist ein Ablauf von Phantasiebildern, ähnlich einem Traum. Heilsame Erkenntnisse können auf diese Art zu mir kommen.

Durch die Kraft des bildhaften Geschehens bleibt das „Erlebte" intensiv im Gedächtnis und kann bei ähnlichen Gefühlslagen wieder abgerufen werden, um zu heilen.

e) Zahlen & Tarot

In meinen Träumen tauchen viele Zahlen auf. Das Erforschen ihrer Bedeutung ist für die Entschlüsselung der Traumbilder hilfreich. Also habe ich versucht, mich in die Numerologie und die Kabala einzuarbeiten, bin aber wegen der Komplexität dieser alten Zahlen-Systeme bald gescheitert. Und so gehe ich etwas „banausig" mit ihnen um, benutze sie quasi als „Nachschlagewerk" und vertraue den Experten. Die Gedankenwelt von „Golmyn", die in ihren Zahl-Beschreibungen deutlich wird, passt gut zu meinem Anliegen, weil sie die spirituelle Sichtweise spiegelt. Ich benutze das Buch: „Das Schicksal in den Zahlen". (ECON Taschenbuch).

Viele Zahlen finden ihre Entsprechung in einem anderen Deutungswerkzeug, dem Tarot.
Es besteht aus 78 Bildkarten, die zur Erforschung von Seelen-Aspekten und zu Wahrsagezwecken benutzt werden können. Die Beschreibungen zu den Bildkarten sind mir bei der Traumdeutung hilfreich. Es gibt über hundert verschiedene Karten-Decks. Mich sprechen die Crowley-Karten ästhetisch besonders an, also arbeite ich mit ihnen und den dazugehörigen Kartenbeschreibungen. Häufig verlasse ich mich auf

meine eigenen Assoziationen zu den aussagestarken Bildern.

An einem Traum-Beispiel kann ich diese Vorgehensweise aufzeigen. Mich erreichte ein Traum, in dem ein Wal in drei verschiedenen Situationen vorkam. Der „Wal" als Symbol erschloss sich mir schwer; irgendwie passte alles nicht so recht. Also machte ich mich auf die Zahlen-Suche.

Golmyn ordnet jedem Buchstaben einen Zahlenwert zu:

W = 6   A = 1   L = 3 / Summe 10

In ihrem Kapitel über die Namenszahlen benennt sie die 10 als Zahl der ewigen Schöpfung. Wechsel und Neubeginn, Tatkraft und Zielstrebigkeit kennzeichnen diesen Charakter.

Im Crowley-Tarot wird der Zahl 10 das „Glück" zugeordnet. Abgebildet ist ein sich drehendes Rad, das einige Symbole mit sich zieht (Schwert, Schlange, Kreuz) und unschwer als Schicksalsrad zu erkennen ist. Viele Energie-Blitze umrahmen es und erhaben thront eine Sphinx über allem, was sich bewegt. Sterne und das aufrecht stehende Dreieck hinter dem Rad zeigen die GOTT-Nähe an.

Meine Intuition sagt mir, dass ein Wandel stattfindet, der sich im göttlichen Rahmen bewegt und alles mit sich nimmt. Voller Energie vollzieht sich das kosmische Geschehen. In der Crowley-Kurzfassung heißt es: „Folge deinem Schicksal und sorge dich nicht, wohin es dich führt." Es wird ein Schicksalswandel in Aussicht gestellt. Im „Handbuch zum Crowley-Tarot" von Gerd Ziegler werden unter anderem die Stichworte aufgeführt:

Neubeginn, Kreativität, großer Durchbruch, Selbstverwirklichung, unerwartetes Glück.
Nun hat „mein Wal" Kontur bekommen. Diese Informationen lassen sich in die drei Situationen einfügen, in denen der Wal im Traum eingebettet war und die Bilder ergeben ein Ganzes.

4. Die Phyllis-Krystal-Methode

Um Beziehungen aufzulösen, die zu unguten Bindungen geworden sind, kann man das Ablöseritual von Phyllis Krystal anwenden. Eine Beschreibung davon befindet sich auf den Seiten 78/79 und 83 – 85 meines Buches. Dieses Ritual lässt sich mit Hilfe des Arbeitsbuches, das zum Hauptwerk „Die inneren Fesseln sprengen" erschienen ist, in Eigenregie durchführen. Für manche Menschen scheint es einfacher, die Methode im therapeutischen Setting zu praktizieren. Entsprechend ausgebildete Therapeuten findet man im Internet unter www.phylliskrystal.com